工商管理理论与实践前沿丛书

期望落差与企业资产剥离选择

吴 倩/著

NEGATIVE ATTAINMENT DISCREPANCY AND CORPORATE DIVESTITURES

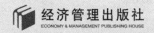

经济管理出版社

ECONOMY & MANAGEMENT PUBLISHING HOUSE

图书在版编目（CIP）数据

期望落差与企业资产剥离选择 / 吴倩著 . -- 北京：
经济管理出版社，2024. -- ISBN 978-7-5096-9772-6

Ⅰ. F273.4

中国国家版本馆 CIP 数据核字第 202440985E 号

组稿编辑：王光艳
责任编辑：王光艳
责任印制：黄章平

出版发行：经济管理出版社
　　　　（北京市海淀区北蜂窝 8 号中雅大厦 A 座 11 层　 100038）
网　　　址：www.E-mp.com.cn
电　　　话：（010）51915602
印　　　刷：北京市海淀区唐家岭福利印刷厂
经　　　销：新华书店
开　　　本：710mm×1000mm / 16
印　　　张：12.25
字　　　数：212 千字
版　　　次：2024 年 8 月第 1 版　 2024 年 8 月第 1 次印刷
书　　　号：ISBN 978-7-5096-9772-6
定　　　价：68.00 元

前 言
PREFACE

党的二十大报告指出，"高质量发展是全面建设社会主义现代化国家的首要任务""我们要坚持以推动高质量发展为主题，把实施扩大内需战略同深化供给侧结构性改革有机结合起来，增强国内大循环内生动力和可靠性，提升国际循环质量和水平，加快建设现代化经济体系，着力提高全要素生产率，着力提升产业链供应链韧性和安全水平，着力推进城乡融合和区域协调发展，推动经济实现质的有效提升和量的合理增长"。在这一过程中，资产剥离作为优化资源配置和解决过剩产能的重要方式，对推动企业高质量发展、产业结构转型升级和经济高效平稳运行有重要意义。

本书共分为七章，分别是绪论、理论基础与文献综述、理论分析与研究假设、研究设计、实证结果分析、边界条件检验结果分析、研究结论与研究展望。通过分析企业资产剥离实践并回顾资产剥离的相关理论，阐明研究这一主题的重要价值。结合相关的理论和实践，本书构建了期望落差与企业资产剥离选择之间的理论联系。同时，考虑到期望落差类型和特征可能产生的影响，本书分别考察了这两者对企业资产剥离选择的作用效果。在此基础上，本书探究了内外部情境因素对期望落差与企业资产剥离选择之间关系的影响，以回应读者关于期望落差情境下企业做出差异化资产剥离选择的疑问。最后，本书就未来的研究方向进行了展望。

党的二十大报告强调，"贯彻新发展理念是新时代我国发展壮大的必由之路"。在全面贯彻新发展理念，推动经济高质量发展，促进产业转型升级的时代背景下，通过较为系统的理论和实证分析，深刻认识企业资产剥离实践，对推动企业高质量发展、促进产业转型升级有重要的指引意义。希望通过本书的介绍，读者能够对企业资产剥离实践有更系统、全面的了解。同时能为读者研究期望落差与企业其他响应行为之间的关系提供一定的启发。最重要的是，希望读者通过本书的学习，激发研究兴趣。

最后，由衷地感谢在本书出版过程中给予笔者帮助的各位老师和专家！

吴倩

2024 年 4 月

目 录
CONTENTS

01

第一章

绪 论

本章首先根据相关的理论和企业资产剥离实践，提出了本书的核心研究问题及研究意义。根据核心研究问题，本章进一步确定了研究目标和具体研究内容，并就研究所用到的方法和技术路线进行了阐述。最后，在此基础上，提出了本书可能的创新之处。

第一节　研究背景与研究意义

一、研究背景

自 20 世纪 80 年代以来，企业经历了一波大规模的资产剥离浪潮（Lichtenberg，1992；Bowman and Singh，1993）。这主要是因为：在 20 世纪六七十年代，企业规模的过度扩张，导致企业的多元化程度超过了可以有效管理的范围（Shleifer and Vishny，1991）。同时，积极的收购市场的出现（Jensen，1986）导致那些效率低下的公司成了被收购的目标（Shleifer and Vishny，1991）。显然，资产剥离是一种让企业回归"最优多元化水平"的有效工具（Markides，1992），因此，这一时期企业资产剥离盛行。

随着对资产剥离研究的不断深入，越来越多的学者发现，企业剥离资产，不仅是为了纠正过度多元化及随之而来的绩效问题，在更多的情况下，企业资产剥离是一种主动的战略选择（Brauer，2006）。作为企业动态能力的体现，剥离资产为企业提升资源配置效率、保持竞争优势、实现转型升级提供了有效的途径（Heimeriks et al.，2012；Kolev，2016），进而促进了企业高质量发展。在全面贯彻新发展理念，推动经济高质量发展，促进产业转型升级的时代背景下，深刻认识企业的资产剥离行为有重要的理论和现实意义。

我国企业最早集中剥离资产出现于 20 世纪 90 年代国有企业改制时期。这一时期国有企业被要求剥离非经营性资产，即剥离国有企业"办社会"。但是随着我国资本市场的不断完善，以及资产剥离作为一种重要的战略选择被越来越广泛地接受和认可（Mankins et al.，2008；Lee and Madhavan，2010），我国上市公司的资产剥离实践也越来越普遍。中国经济金融研究数据库（CSMAR）的数据显示，1998 年，我国 A 股上市公司中仅有 34 家上市公司成功实施了资产剥离交易，而这一数据截至 2019 年已经扩大至 801 家（见图 1-1）。并且资产剥离交易规模也在不断扩大。2019 年，我国 A 股上市公司的资产剥离交易规模是 1998 年 A 股上市公司资产剥离交易规模的近 203 倍（见图 1-2）。这表明，资产剥离已经成为我国 A 股上市公司重要的资产重组方式。无论是豆神教育（300010.SZ）剥离传统业务向教育产业转型；还是旗天科技（300061.SZ）觉察到企业竞争优势发生变化，选择剥离传统的镜片业务，将业务重心转移到金融科技方向。又或者是华铁股份（000976.SZ）剥离发展前景不佳、亏损严重的化纤行业，专注发展轨道交通业务；三七互娱（002555.SZ）剥离盈利能力较低的汽车部件板块，专注游戏业务以提升企业整体竞争力；两面针（600249.SH）多元化尝试失败后，选择剥离纸业和地产，回归日化、医药等核心业务；三特索道（002159.SZ）、晋控煤业（601001.SH）连续剥离亏损资产……越来越多的上市公司开始利用资产剥离交易为企业发展注入新的活力。

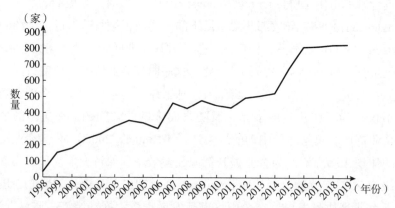

图 1-1　1998~2019 年我国 A 股上市公司资产剥离情况（资产剥离企业数量）

资料来源：CSMAR 数据库。

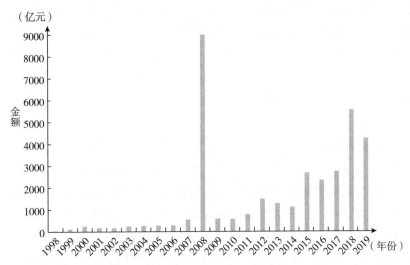

图 1-2　1998~2019 年我国 A 股上市公司资产剥离情况（资产剥离交易规模）

资料来源：CSMAR 数据库。

值得注意的是，CSMAR 数据库的数据显示，在 2004~2019 年实施资产剥离的上市公司中，超过 60% 的公司上一年的业绩低于自身历史绩效水平或者同行业平均绩效水平。换言之，大多数实施资产剥离交易的上市公司在上一年都处于期望落差状态。

事实上，期望落差是一种很常见的状态。CSMAR 数据库的数据显示，2003~2018 年，当年绩效低于自身历史绩效水平，即处于历史期望落差状态的企业占比高达 61.3%，而当年绩效低于同行业平均绩效水平，即处于社会期望落差状态的企业占比也超过了 50%。根据企业行为理论，企业管理者是有限理性的，因此，他们无法利用所有的可用信息进行绩效评估；相反，为了简化绩效评估过程，企业管理者会设定一个反映组织目标的参考点，即期望目标，再将企业绩效与之比较。当企业绩效低于期望目标时，期望落差出现，这种情况被企业视为一种失败，而低于期望目标的绩效被解读为存在问题，此时，企业会积极进行问题搜索，寻找改善企业绩效的解决方案，并采取行动。

资产剥离作为一种能增加企业现金流量、提升企业资源配置效率的资产重组方式（Lang et al., 1995；Brauer, 2006），无疑是改善企业绩效的有效方案。那么，处于期望落差状态的企业出于弥补绩效不足的考量，是否会实施更多的资产剥离交易？现有研究对这两者之间的关系进行了初步的探索，Moliterno 和 Wiersema（2007）指出，处于历史期望落差状态的企业为了获得资产剥离带来的租金更可能参与资产剥离交易。Kuusela 等（2017）、文巧甜和郭蓉（2017）则基于资产剥离的资源释放效应和企业并购的资源消耗效应，考察了企业在面临期望落差时，会如何在并购与资产剥离之间进行选择，他们都发现，面对期望落差，企业往往更愿意剥离资产释放企业资源。

需要注意的是，资产剥离过程往往伴随着组织结构变化（Dittmar and Shivdasani，2003）、业务单元管理层抵制（Buchholtz et al.，1999）、员工工作积极性降低（Pines，1984）、各类资源被分割（Semadeni and Cannella，2011）、客户关系发生中断（Brauer et al.，2017）等风险。并且，由于首席执行官（CEO）对现状的承诺（Feldman，2014）及追求"帝国"建设（Denis et al.，1999）等，企业高管往往不愿意剥离资产。现有关于期望落差与企业资产剥离选择的研究大多聚焦其资源释放效应，而忽略了资产剥离伴生的风险。

基于此，本书认为，综合考虑资产剥离对改善企业绩效发挥的积极作用与伴生的风险，有助于更全面地认识处于期望落差状态的企业的资产剥离选择。根据企业行为理论，由于企业管理者是有限理性的，企业管理者会将注意力转移到不同的参考点上（March and Shapira，1987），并进一步影响企业决策。Bromiley 和 Harris（2014）指出，企业行为理论在很大程度上是关于注意力分配的理论。当面对期望落差时，出于弥补绩效不足的考量，企业在进行问题搜索和评估解决方案的过程中，会更多地关注解决方案对绩效改善可能产生的帮助，而较少关注相应的风险。这就导致企业更愿意接受资产剥离这类虽有风险但能有效改善企业绩效的解决方案，进而推动了企业的资产剥离进程。基于这一逻辑，本书全面考察了期望落差与企业资产剥离选择之间的关系，为理解处于期望落差状态的企业的资产剥离选择提供了理论依据，也为指导企业资产剥离实践提供了参考。

二、研究意义

结合上述分析，本书从企业行为理论和企业注意力基础观出发，并结合企业资产剥离的相关理论，从问题搜索和注意力配置的视角探讨了中国情境下上市公司面对期望落差时的资产剥离选择问题。本书的研究意义主要有以下两个方面。

（一）理论意义

第一，现有关于企业资产剥离的研究大多聚焦资产剥离的前因与经济后果。其中，关于企业资产剥离的前因研究集中关注了绝对绩效水平、过度多元化、公司治理特征等内部因素，及环境不确定性、行业动荡程度、产业技术变革等外部因素对企业资产剥离选择的影响，对期望落差会如何影响企业资产剥离选择的研究尚处在萌芽阶段。本书基于企业行为理论和企业注意力基础观，识别了期望落差影响企业资产剥离选择的机理，并对影响期望落差与企业资产剥离选择之间关系的边界条件进行了分析，在一定程度上丰富了对企业资产剥离前因的研究，拓展了企业资产剥离前因研究的视角。

第二，本书从企业行为理论和企业注意力基础观出发，构建了"期望落差—问题搜索、注意力配置—企业资产剥离"的逻辑路径，并根据这一逻辑对期望落差下企业的资产剥离反应进行了实证检验。此外，基于企业行为理论对绩效反馈与组织响应的边界条件的重视，以及企业注意力基础观中"情境注意"的重点假设，本书认为，情境因素会通过对企业的问题搜索动机及注意力配置过程产生影响，作用于期望落差企业的资产剥离选择。因此，本书进一步讨论了在不同的内外部情境下，期望落差企业是否会做出不同的资产剥离选择。这在一定程度上拓展了企业行为理论和企业注意力基础观的应用范围，并为绩效反馈与组织响应的边界条件和"情境注意"的重要观点提供了新的实证证据。

第三，与以往大多数研究将历史期望落差和社会期望落差对企业行为的影响视为同质的，或者将这两类期望目标合并为单一的期望指标研究期望落差对企业行为的影响不同，本书在考察期望落差时，关注了历史期望落差与社会期望落差的差异性，并分别考察了历史期望落差和社会期望落差对企业资产剥离选择的影响，以及在不同情境下历史期望落差和社会期望落差导致的企业资产剥离反应是否存在异同。因此，本书不仅在一定程度上为理解企业绩效反馈过程提供了更全面、具体的参考，还深化了对企业行为理论中的期望落差的认识。

第四，本书在选取特定情境因素时，结合中国实际，不仅考察了内部情境因素对期望落差与企业资产剥离选择之间关系的影响，还讨论了企业所处区域的风险文化和政策不确定性等具有中国特色的外部情境因素的影响，在一定程度上既完善了企业行为理论和企业注意力基础观的边界条件，也拓展了企业行为理论和企业注意力基础观的应用范围。

（二）实践意义

本书通过实证检验的方法考察了期望落差是否会影响企业的资产剥离选择，并探究了不同的情境因素对这一过程的影响。因此，本书的结论在一定程度上能帮助企业管理者认识期望落差在企业资产剥离选择过程中的作用，及情境因素对其的重要影响，进而指导期望落差企业更有效地剥离资产。

此外，企业行为是企业注意力配置的结果。根据"情境注意"的观点，在不同情境下，企业的注意力配置情况会发生很大变化。因此，本书关于内外部情境因素的讨论，有助于企业管理者进一步理解注意力配置对塑造企业行为的重要作用，这在一定程度上有助于企业作出更科学、有效的资产剥离选择。

最后，本书的结论为政府部门更深入了解期望落差企业的资产剥离反应提供了一定的经验证据，有利于政府部门更客观地看待企业资产剥离现象，并适时进行引导和帮助，从而提升企业的资产剥离效果，推动企业高质量发展。

第二节　研究思路与研究内容

一、研究思路

根据企业行为理论和企业注意力基础观，结合企业资产剥离的相关理论，本书围绕期望落差是否会影响企业资产剥离选择这一问题展开。具体地，本书考察了历史期望落差与社会期望落差对企业资产剥离选择的影响，以及期望落差特征的作用效果。在此基础上，本书考察了内外部情境因素对期望落差与企业资产剥离选择之间关系的影响。首先，通过对相关文献的回顾与学习，构建了期望落差与企业资产剥离选择之间的理论联系，在此基础上，提出了相关的研究假设；同时，考虑到不同的期望落差特征包含了不同的信息，进而作用于企业的问题搜索动机和注意力配置情况，本书进一步探究了期望落差特征对这一过程的作用并提出了相应的研究假设。其次，探究了情境因素对这一过程的影响效果，并提出了研究假设。根据相关的研究假设构建实证检验模型，对研究假设进行检验，形成对期望落差与企业资产剥离选择之间的关系，以及影响期望落差与企业资产剥离选择之间关系的边界条件的初步认识。最后，本书根据实证检验结果对期望落差与企业资产剥离选择的关系进行了总结与展望。

本书主要包括三方面内容：文献回顾与述评、理论联系构建与研究假设提出和实证设计与实证检验。

针对以上三方面的内容，相应的研究思路如下。

（一）文献回顾与述评

根据本书的研究主题，回顾并学习相关文献有助于把握这一主题的研究脉络和最新的研究动态，并为后续研究假设的提出奠定理论基础。具体地，本书从以下四个方面回顾了相关文献并进行了述评：①理论基础。通过对企业行为理论和企业注意力基础观进行回顾，为后续研究奠定理论基础。②期望落差与组织响应行为的相关研究。这一部分主要是对期望落差的内涵、期望落差与组织响应行为之间的关系等相关文献进行梳理，并基于注意力的视角回顾了期望落差与组织响应行为的相关研究。③企业资产剥离的相关研究。这一部分主要是对资产剥离的定义、影响因素、经济后果及阻碍的相关文献进行梳理。④文献述评。这一部分主要是对前三个部分的内容进行总结，并引出本书的研究问题。

（二）理论联系构建与研究假设提出

在文献回顾的基础上，本书根据企业行为理论和企业注意力基础观，结合期望落差与组织响应行为的相关研究，及企业资产剥离的相关研究，构建了期望落差与企业资产剥离选择之间的理论联系并提出了相应的研究假设。在此基础上，本书考察了期望落差特征对这一过程的影响，并提出了研究假设。此外，根据企业行为理论中关于绩效反馈与组织响应的边界条件的相关研究，以及企业注意力基础观中"情境注意"的观点，本书进一步考察了内外部情境因素对期望落差与企业资产剥离选择之间关系的影响。具体地，这一部分主要包括以下两部分内容：构建期望落差与企业资产剥离选择的理论联系、分情境讨论期望落差对企业资产剥离选择的影响。

根据企业行为理论，面对期望落差，企业会积极进行问题搜索，寻找改善企业绩效的解决方案。并且，为了尽快将绩效恢复到期望目标水平，这类企业在评估解决方案的过程中，往往会将注意力更多地集中在解决方案对绩效改善可能产生的帮助上，较少关注相应的风险。而资产剥离作为一种包含潜在风险但能有效改善企业绩效的战略手段（Sanders，2001；Brauer，2006），显然，相较没有绩效改善压力的企业，期望落差企业更愿意接受资产剥离这类解决方案，这就推动了企业的资产剥离进程。总的来说，在这一过程中，企业的注意力配置情况塑造了处于期望落差状态的企业的资产剥离选择，这与Ocasio（1997）提出的企业注意力基础观的观点是一致的。基于"期望落差—问题搜索、注意力配置—企业资产剥离"的逻辑，本书初步构建了期望落差与企业资产剥离选择的理论联系。同时，不同的期望落差特征包含了不同的信息，这会进一步影响企业管理者对期望落差状态的解读，并对企业的问题搜索动机和注意力配置情况产生影响，再作用于企业的资产剥离选择。因此，本书进一步考察了期望落差一致性、期望落差不一致及期望落差持续性这几种期望落差特征对这一过程的影响。

此外，李璨等（2019）指出，在研究绩效反馈与组织响应的过程中，权变因素扮演着重要角色。其中，企业的冗余资源、组织经验、管理层特征、破产风险及企业所处外部环境的差异等都可能影响企业对绩效反馈的响应情况。企业注意力基础观更是提出了"情境注意"的重要观点，强调了特定情境对企业注意力配置会产生重要影响（Ocasio，1997）。但是，以往的研究对情境因素的重视程度略显不足。基于此，本书分别讨论了组织资源、组织经验、公司治理特征、破产风险等内部情境因素，以及企业经营环境、区域风险文化、中介市场发展、政策不确定性等外部情境因素对期望落差与企业资产剥离选择之间关系的影响。

1. 内部情境因素

第一，组织资源对企业发展的重要作用不言而喻。根据资源基础观，企业是一系列资源的集合。在企业资源异质及资源不可转移的前提假设下，企业的竞争优势取决于企业的专有资源，这些资源具有高价值、稀缺、难以模仿或无法替代的特征（Barney，1991）。事实上，组织资源在企业发展过程中确实扮演了重要的角色。一方面，丰富的组织资源作为一种缓冲机制，在一定程度上降低了企业进行问题搜索的动机。另一方面，丰富的组织资源为企业进行探索性搜索提供了坚实的后盾，导致企业搜索的积极性进一步增强。基于此，本书认为，组织资源的差异会影响处于期望落差状态的企业的问题搜索动机和注意力配置情况，进而影响企业的资产剥离选择。

第二，组织经验的积累对确立企业行动的合法性地位，及更有效地重复类似行动有重要意义（Shimizu and Hitt，2005；Mayer et al.，2015）。丰富的组织经验为企业的后续行动积累了大量的相关知识，并能够形成组织惯例和程序，进而在很大程度上减少了后续行动的阻碍和风险。在这种情况下，丰富的组织经验通过强化企业行动的信心，对企业的注意力配置情况产生影响，并在一定程度上强化处于期望落差状态的企业的问题搜索动机。基于此，本书认为，组织经验会影响处于期望落差状态的企业的问题搜索动机和注意力配置情况，进而影响企业的资产剥离选择。

第三，考虑到组织调整与变革在很大程度上是由企业的战略领导者推动的（Hambrick，1989），而 CEO 在这一过程中发挥的重要作用不言而喻（Yu，2014）。因此，关注企业管理层特征，特别是 CEO 特征对期望落差与企业资产剥离选择之间关系的影响对全面理解处于期望落差状态的企业的资产剥离选择有重要意义。面对期望落差，不同特征的 CEO 对其中蕴含的信息会有不同的解读，这会影响企业的问题搜索动机和注意力配置情况，进而作用于随后的战略、经营决策。具体地，本书考察了管理偏见中最常见的一种形式——过度自信，对期望落差与企业资产剥离选择之间关系的影响。

第四，随着企业行为理论的发展，有学者指出，除了关注期望目标，企业也会关注另一个参考点——生存目标（Hu et al.，2011）。当企业面临破产威胁时，其注意力可能会更多地集中在如何维持企业生存上，从而导致企业更谨小慎微，不愿做出改变。在这种情况下，企业对任何组织行动可能带来的风险都极度敏感。也就是说，当企业面临破产威胁时，企业注意力会从改善企业绩效转移到确保企业生存上，并且这类企业更关注如何避免可能的风险，这就导致这类企业非但不愿意改变，反而更加保守僵化。基于此，本书认为，破产威胁也会影响处于期望落差状态的企业的问题搜索动机和注意力配置情况，进而影响企业的资产剥离选择。

2. 外部情境因素

第一，经营环境对企业行为和企业发展有重要影响（Porter，1981）。其中，行业竞争程度、环境丰腴度及环境动荡性都是企业经营环境的重要构成维度。因此，关注行业竞争程度、环境丰腴度及环境动荡性对期望落差与企业资产剥离选择之间关系的影响有助于理解处于期望落差状态的企业的资产剥离行为。具体地，行业竞争程度越大，企业面对的竞争压力就越大。因此，行业竞争程度会通过影响企业对竞争威胁的感知，影响处于期望落差状态的企业的问题搜索动机和注意力配置情况，并对企业的资产剥离选择产生影响。而环境丰腴度会通过影响企业的外部资源环境和发展机会，影响企业的问题搜索动机和注意力配置情况，并作用于企业的资产剥离选择。一方面，环境丰腴度能在一定程度上缓冲处于期望落差状态的企业的问题搜索压力；另一方面，环境丰腴度为处于期望落差状态的企业进行问题搜索并积极行动提供了支持。环境动荡性则通过影响企业经营环境的不确定性程度，进一步影响企业的问题搜索动机和注意力配置情况，从而影响企业的资产剥离选择。

第二，文化会塑造人或企业的特征（Guiso et al.，2015）。作为一种非正式制度，文化通过影响企业管理者的认知与风险偏好，对处于期望落差状态的企业的问题搜索动机和注意力配置情况产生影响，进而影响企业行为。而风险文化作为一种较典型的文化类型，集中显示了文化对当地居民和企业的风险偏好的影响。一般来说，位于风险文化氛围更浓厚地区的企业面对期望落差，其在进行问题搜索并评估解决方案的过程中对风险的敏感度更低。因此，这类企业会将注意力更大程度地配置到解决方案对改善企业绩效产生的积极影响上，进而影响企业决策。故而，考察风险文化对期望落差与企业资产剥离选择之间关系的影响有助于更全面地认识期望落差企业的资产剥离选择。

第三，中介市场的蓬勃发展为企业运行与市场交易的顺利开展提供了重要的支持（Brauer et al.，2017；Pathak and Chiu，2020）。其一，中介机构通过反复参与同一类型的市场交易，积累了丰富的经验。其二，中介机构具备会计或法律等领域的专业知识。因而中介机构能为企业顺利开展交易提供有效的指导意见，这就大大降低了交易过程中的风险和不确定性。当企业所在地的中介市场发展相对完善时，一方面，蓬勃发展的中介机构能起到规范市场秩序的作用；另一方面，位于这些地区的企业获取中介机构服务的成本较低，企业获取的中介支持也更加丰富和多样化，这会进一步增强企业行动的信心。因此，发达的中介市场通过增强处于期望落差状态的企业的行动信心，进一步影响这类企业的问题搜索动机和注意力配置情况，从而影响其后续行动。故而，关注中介市场发展对期望落差与企业资产剥离选择之间关系的影响对更全面地认识期望落差企业的资产剥离选择具有重要意义。

第四，鉴于中国的财政分权体制和官员晋升机制的独特性（周黎安，2007），地方政府在区域经济发展过程中扮演着重要角色。并且，地方政府对辖区内企业的经营决策会产生重要影响（陈德球、陈运森，2018）。而区域决策者变更会导致区域经济政策的连贯性和稳定性受到较严重的冲击，进而导致企业面临的政策环境的不确定性加大，这会进一步影响处于期望落差状态的企业的问题搜索动机和注意力配置情况，并对企业后续的资产剥离选择产生影响。故而，考察政策不确定性对期望落差与企业资产剥离选择之间关系的影响有助于更全面地认识处于期望落差状态的企业的资产剥离选择。

（三）实证设计与实证检验

为了检验期望落差与企业资产剥离选择的关系，以及边界条件的影响，本书首先构建了历史期望落差、社会期望落差及企业资产剥离选择相应的代理变量。同时，参考相关研究，对可能影响企业资产剥离选择的其他变量进行了控制。在调节变量方面，除了期望落差特征变量，即期望落差一致性、期望落差不一致及期望落差持续性，本书分别选取"冗余资源"与"成熟期企业"这两个变量表征企业的资源状况；选取"企业资产剥离经验"这一变量表征组织经验；选取"CEO 过度自信"这一变量作为公司治理特征的代理变量；通过计算"Z 指数"衡量企业的破产距离，以此判断企业的破产风险；选取"行业竞争程度""环境丰腴度""环境动荡性"这三个变量表征企业的经营环境；选取"人均风险资产投资额"这一变量表征企业所处区域的风险文化；选取"中介市场发育程度得分"这一变量衡量企业所处区域的中介市场发展程度；选取"企业注册地的决策者变更"这一变量衡量政策不确定性程度。在此基础上，本书进一步构建了合适的实证检验模型以检验期望落差与企业资产剥离选择的关系，以及期望落差特征对这一关系的影响。同时，本书构建了相应的回归模型判断边界条件对期望落差与企业资产剥离选择之间关系的影响。最后，为了保证实证结果的稳健性，本书通过考虑内生性问题、替换期望目标的衡量方法、替换资产剥离交易的筛选标准及调整样本区间等方法进行了相应的稳健性检验。

二、研究内容

根据上述研究思路，本书的主要内容安排如下。

第一章为绪论。首先，本章介绍了本书开展的理论与现实背景，在此基础上，阐明了本书的理论和实践意义。其次，根据本书的研究问题，对相应的研究思路进行了梳理，并概括性地描述了相关的研究内容。根据本书的研究思路和研究内容，对所用到的研究方法进行了阐述，并根据研究内容、研究方法绘制了相应的技术路线图。最后，通过对比现有研究，提出了本书可能的创新之处。

第二章为理论基础与文献综述。本章主要根据本书的研究主题对相关的理论和文献进行了较为系统的梳理并进行了述评。第一，本章回顾了相关的理论基础，即企业行为理论和企业注意力基础观。第二，对期望落差与组织响应行为的相关研究及企业资产剥离的相关研究进行了回顾，以掌握最新研究动态。第三，针对研究现状，对相关研究进行了总结与述评，并提出了本书的研究问题。

第三章为理论分析与研究假设。在前期文献积累的基础上，构建了期望落差与企业资产剥离选择的理论联系，并提出了相应的研究假设。根据企业行为理论和企业注意力基础观，本章构建了"期望落差—问题搜索、注意力配置—企业资产剥离"的逻辑路径，厘清了期望落差对企业资产剥离选择的影响机理。此外，本章讨论了期望落差特征对期望落差与企业资产剥离选择之间关系的影响，及不同的情境因素对这一关系的作用效果，并提出了相应的研究假设。

第四章为研究设计。根据本书第三章提出的研究假设并参考相关研究，本章确定了历史期望落差、社会期望落差及企业资产剥离选择相应的代理变量，期望落差特征的代理变量，内外部情境因素的代理变量，并选定了相关的控制变量。在此基础上，本章构建了相应的实证检验模型以检验期望落差对企业资产剥离选择的影响。

第五章为实证结果分析。第一，对主要变量进行了统计分析。第二，根据回归结果，检验期望落差是否如假设预期地影响了企业的资产剥离选择，并对回归结果进行了相应的解释。为了保证实证结果的稳健性，通过考虑内生性问题、替换期望落差的衡量方法、替换资产剥离样本、调整样本区间等进行了稳健性检验。第三，对期望落差特征的作用效果进行了检验与分析。

第六章为边界条件检验结果分析。根据影响绩效反馈与组织响应之间关系边界条件的相关研究及"情境注意"的观点，在研究假设的基础上，对影响期望落差与企业资产剥离选择之间关系的内外部情境因素进行了实证检验，以理解期望落差与企业资产剥离选择的边界条件。

第七章为研究结论与研究展望。根据研究内容，对相应的研究结果进行归纳总结，并提出相应的研究启示。此外，本章提出了本书可能存在的研究局限，并探讨了未来的研究方向。

第三节 研究方法、技术路线与创新点

一、研究方法

结合本书的研究主题——期望落差对企业资产剥离选择的影响，及不同情境下期望落差与企业资产剥离选择的关系是否发生变化，采用文献分析法、规范分析法及实证分析法对本书的核心问题展开讨论。

（一）文献分析法

回顾现有文献可知，当前对期望落差如何影响企业行为的研究关注了企业创新、并购、国际化、新产品引进等方面，但聚焦期望落差对企业资产剥离选择的影响的研究比较匮乏，更缺少对期望落差影响企业资产剥离选择的边界条件的讨论。基于此，本书在认真阅读并学习相关文献的基础上，通过文献分析法，系统梳理了企业行为理论、企业注意力基础观、期望落差与组织响应行为的相关研究及企业资产剥离的相关研究，这有助于把握最新的研究动态和前沿问题，从而深化本书的研究主题。同时，对相关文献的学习与梳理有助于构建期望落差与企业资产剥离选择的理论联系，从而更好地把握期望落差对企业资产剥离选择的影响机理和作用机制，为后文研究假设的提出奠定坚实的理论基础。

（二）规范分析法

在文献分析的基础上，本书采用规范分析法对研究内容进行了探索。根据企业行为理论、企业注意力基础观，本书首先对期望落差与企业资产剥离选择的关系进行了推演，构建了期望落差与企业资产剥离选择的理论联系。同时，本书考虑了期望落差特征对这一关系的影响。此外，考虑到边界条件在绩效反馈与组织响应过程中的重要作用，以及企业注意力基础观中"情境注意"的重要观点，本书通过归纳分析，分别从内部情境因素和外部情境因素出发，讨论了中国上市公司面临期望落差时作出的资产剥离选择是否存在差异。具体地，本书分别从组织资源、组织经验、公司治理特征、破产风险等内部情境因素与企业经营环境、区域风险文化、中介市场发展、政策不确定性等外部情境因素探讨了不同情境下处于期望落差状态的企业的资产剥离选择。

（三）实证分析法

根据构建的期望落差与企业资产剥离选择的理论联系、不同期望落差特征对这一过程的影响，及不同情境下期望落差对企业资产剥离选择的影响，本书提出了相应的研究假设，并通过构建合适的实证模型进行了检验。具体地，本书主要通过 Probit 回归和 Tobit 回归对相关研究假设进行检验。为了保证研究结论的稳健性，本书采用了工具变量法，以缓解内生性问题对研究结论的影响。此外，本书通过改变期望落差的度量方式、改变资产剥离样本的筛选方式、调整样本区间等方法进行相应的稳健性检验，进一步保证研究结论的稳健性。

二、技术路线

本书主要以管理学、组织行为学等学科为基础，结合企业行为理论和企业注意力基础观，利用实证分析的方法探索了历史期望落差和社会期望落差对企业资产剥离选择的影响，旨在探究期望落差对企业资产剥离选择的作用机制，扩展企业资产剥离的相关研究，也为企业行为理论和企业注意力基础观提供更多的实证支持。本书的技术路线如图 1-3 所示。

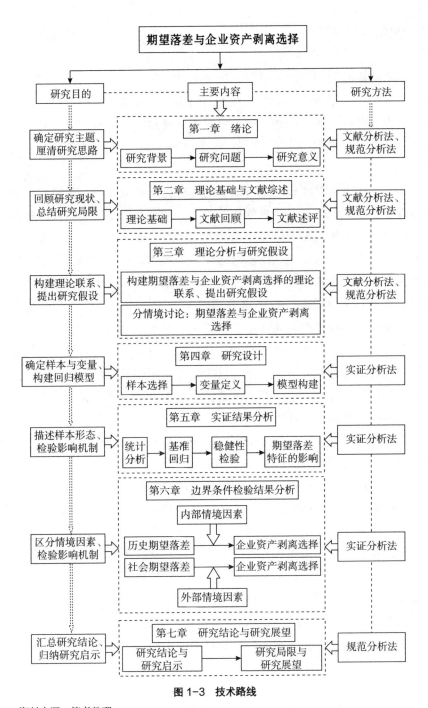

图 1-3　技术路线

资料来源：笔者整理。

三、创新点

本书的核心问题是期望落差如何影响企业的资产剥离选择、期望落差特征对这一过程是否产生影响，及不同情境下期望落差企业的资产剥离反应是否存在异同。为了回答上述问题，本书通过实证分析的方法对这些问题进行了检验。相较以往的研究，本书的创新之处主要体现在以下几个方面。

第一，拓展了对期望落差与组织响应行为的研究，进一步完善了企业行为理论和企业注意力基础观的相关内容。现有对期望落差如何影响企业行为的研究主要聚焦企业创新、国际化、并购、新产品引入等方面，鲜有研究系统、全面地探索期望落差对企业资产剥离选择的影响，特别是缺乏对中国企业处于期望落差状态时的资产剥离反应的深入研究。基于此，本书根据企业行为理论和企业注意力基础观，基于"期望落差—问题搜索、注意力配置—企业资产剥离"的逻辑路径，考察了历史期望落差和社会期望落差对企业资产剥离选择的影响。并且，本书关注了期望落差特征对这一过程发挥的作用。此外，本书着重考察了不同的情境因素对历史期望落差和社会期望落差与企业资产剥离选择之间关系的影响，拓展了期望落差下组织响应行为的相关研究，同时为企业注意力基础观中"情境注意"的相关假设提供了更丰富的实证证据，并进一步明晰了企业行为理论和企业注意力基础观的边界条件。

第二，拓展了企业资产剥离前因研究的视角。现有研究在考察绩效与企业资产剥离选择之间的关系时，往往将绩效作为企业资产剥离的一种经济后果，或者仅关注绝对绩效水平对企业资产剥离选择的影响，而忽视了绩效反馈对企业资产剥离选择可能的作用。与从代理理论、投资组合理论等视角出发的研究不同，本书根据企业行为理论和企业注意力基础观，将期望落差作为企业资产剥离选择的前因变量，考察了期望落差对企业资产剥离选择的影响。通过考察历史期望落差与社会期望落差下企业的资产剥离选择是否发生变化，本书为企业资产剥离的前因研究提供了新的研究视角。

第三，明晰了期望落差影响企业资产剥离选择的作用路径。现有关于期望落差与企业资产剥离选择之间关系的研究大多仅关注企业资产剥离的资源释放效应，并未关注资产剥离伴随的风险。本书综合考虑了企业资产剥离对改善企业绩效的作用及伴生的风险，并基于"期望落差—问题搜索、注意力配置—企业资产剥离"的逻辑路径，从问题搜索和企业注意力配置的视角详细阐述了期望落差企业的资产剥离选择，有助于更全面地理解期望落差对企业资产剥离选择的影响。

第四，拓展了企业资产剥离相关理论的应用范围。当前对企业资产剥离的研究大多以发达国家企业的资产剥离交易为样本，对我国企业资产剥离交易的关注度仍然较低。但是，随着我国企业资产剥离实践越来越丰富，及资产剥离的战略意义被越来越多的认可，理解我国企业的资产剥离行为具有重要意义。鉴于我国的历史、文化、经济制度等与欧美国家和日韩国家都存在较大的差异，立足我国上市公司实际情况认识其资产剥离行为，对更有效地引导其科学合理地剥离资产以促进企业高质量发展，进而实现经济高质量发展有重要意义。

第二章
理论基础与文献综述

本章的主要内容是理论基础与文献综述。通过对本书涉及的相关理论进行梳理与回顾，为后续的理论分析与研究假设的提出奠定基础。并且，通过学习相关的文献，有助于把握相关领域的研究前沿和动向，从而深化本书的研究主题。最后，在此基础上进行述评。

第一节 理论基础

一、企业行为理论

企业行为理论（behavioral theory of the firm，BTOF）最早是由 Cyert 和 March（1963）在《企业行为理论》一书中提出的。与传统经济学中提出的"理性人"假设不同，该理论认为，企业决策者在决策过程中往往表现出有限理性的特征。Cyert 和 March（1963）认为，企业决策者是有限理性的，其会将注意力转移到不同的参考点上（March and Shapira，1987），进而影响企业决策。

企业行为理论的提出是基于以下几个假设：①企业决策者是有限理性的（bounded rationality）。与传统经济学中决策者是"理性人"，并基于效用最大化做出决策的假设不同，企业行为理论指出，决策者由于认知局限性，其在决策过程中往往表现出有限理性的特征。并且，有限理性的决策者寻求的是令人满意（satisficing）的解决方案而非最优的解决方案（Simon，1947）。为了简化决策，有限理性的决策者会基于认知启发式，将企业的绩效与期望目标进行比较，进而将连续的绩效简化为成功或失败两种情况。②绩效不足会触发问题搜索（problemistic search）。企业行为理论认为，若企业当前的绩效水平低于期望目标时，就会触发问题搜索。企业会开始寻找问题的解决方案，并改变企业行为，以期将业绩恢复到期望目标水平。值得注意的是，组织的问题搜索一般会在确定满意的解决方案时停止（Cyert and March，1963）。③由于决策环境充满不确定性，Cyert和March（1963）认为，企业出现绩效不足并进行问题搜索时，往往表现出局部搜索的特征，即问题搜索主要是在问题附近或根据以前采取的行动进行。

在这些假设的基础上，企业行为理论提出了一些关键的概念，帮助理解企业行为。其中，期望目标与问题搜索是最核心的概念。

（一）期望目标

期望目标是企业行为理论中的一个关键概念。由于企业管理者是有限理性的，他们无法利用所有可用的信息进行绩效评估，而是通过设置反映组织目标（goal/target）并作为参考点的期望目标来简化绩效评估过程（Cyert and March，1963）。事实上，期望目标是"决策者认为令人满意的最小结果"，也就是说，期望目标代表了成功与失败之间的一个离散边界（Schneider，1992）。当企业绩效低于期望目标时，企业就处于失败的区域，在这种情况下，绩效不足被视为一个问题，并触发企业的问题搜索过程（Cyert and March，1963）。而当企业绩效超过期望目标时，企业就处于成功的区域，在这种情况下，企业往往会坚持当前的选择。

根据 Cyert 和 March（1963）的定义，期望目标是由组织过去的目标（先前的期望目标）、组织过去的业绩（历史因素）及其他"可比"组织过去的业绩（社会因素）三个部分组成。在 Cyert 和 March（1963）研究的基础上，这一领域逐渐形成了两种类型的期望目标：历史期望目标及社会期望目标。其中，历史期望目标源自组织过去的表现（Greve，2003a），而社会期望目标一般源自同行公司的业绩（Audia and Brion，2007）。同时需要注意的是，尽管 Cyert 和 March（1963）指出，组织通常会考虑生产、库存、销售、市场份额及盈利能力五个不同维度的目标。但是，在后续的研究中，以盈利能力衡量企业的期望目标是最常见的。例如，大多数研究使用总资产收益率（ROA）（Greve，2003a；Miller and Chen，2004；Lv et al.，2021）、净资产收益率（ROE）（Miller and Bromiley，1990；Audia and Greve，2006；贺小刚等，2020）以及销售利润率（ROS）（Wiseman and

Bromiley，1996；Audia et al.，2000；吴建祖、袁海春，2020）衡量企业的期望目标。关注非财务性指标的研究则相对较少。具体地，现有研究中衡量期望目标的非财务性指标主要包括新产品的开发情况（Tyler and Caner，2016）、产品质量（Parker et al.，2017）、专利申请数（Martínez-Noya and García-Canal，2021）等。

总的来说，从本质上看，期望目标是一种认知启发式，它将连续的绩效衡量方法转变为成功或失败的二分衡量法。对于有限理性的决策者来说，二分衡量法显然更易于理解，并能与企业的行为相联系：失败时改变，成功时坚持。也就是说，当企业绩效低于期望目标时，即企业处于期望落差状态下，企业行为会发生改变；而当企业绩效超过期望目标时，即企业处于期望顺差状态下，企业会坚持组织惯例。

（二）问题搜索

问题搜索是企业行为理论中的另一个关键概念。问题搜索起源于卡耐基学派传统的问题搜索理论，其描述了企业从绩效反馈中学习的过程。当公司意识到业绩低于预期时，就会开始寻找问题（绩效不足）的解决方案并改变企业行为，以期将业绩恢复到预期水平。通常来说，组织遇到问题时会触发搜索，并在确定满意的解决方案时停止搜索（March and Simon，1958；Cyert and March，1963）。

根据企业行为理论，在绩效不足的情况下，企业在寻找恢复绩效的解决方案时会表现出局部性特征，其往往在问题附近或在以前采取的行动附近进行搜索。但是，随着绩效不足的规模增加，搜索强度会随之增加（Cyert and March，1963）。March（1994）对企业搜索的局部性特征进行了举例说明：如果企业在得克萨斯州的销售额下降，就会在得克萨斯州寻找问题的解决方案。类似地，如果一个公司的新产品开发速度低于期望目标，就应该从修补与研发相关的组织实践开始寻找解决方案（Tyler and Caner，2016）。鉴于问题搜索的局部性特征，其经常被认为具有路径依赖的特点（Rhee and Kim，2015）。

那么，组织搜索为什么会呈现局部性特征？第一，相对于较远的搜索，局部搜索具有明显的优势（Laursen，2012）。由于组织决策者的认知局限性，其很难意识到并评估与解决问题相关的所有备选方案（Simon，1978；Knudsen and Levinthal，2007）。第二，组织决策者的知识基础有限。假设组织决策者在拥有知识或至少拥有相关知识的领域内学习更容易（Knudsen and Levinthal，2007），那么，组织决策者更可能会在现有专长的领域内进行搜索（Helfat，1994）。第三，局部搜索可能会产生更好的绩效，至少在短期内如此（Taylor and Greve，2006）。第四，局部搜索的成本可能会低于较远的搜索，因为前者避免了跨知识领域交流的成本（Laursen，2012）。

与此同时，局部搜索也存在很多的不足。例如，局部搜索不太可能满足产生创新性解决方案所需的多样性（Fleming and Sorenson，2004）。因为局部搜索更倾向于以限制重组程度的方式利用相关知识（Fleming，2001）。并且，面对复杂的环境时，局部搜索可能无法识别那些优越的机会，甚至在低质量的解决方案上出现徘徊（Puranam et al.，2015）。基于此，学界就如何克服组织局部搜索倾向进行了一系列探索，例如，探索组织成员的变化对促使组织进行更广泛的搜索产生的影响（Beckman，2006），探究如何利用组织边界之外的参与者促进更广泛的搜索（Laursen and Salter，2006）等。

但是，随着对问题搜索的研究不断深入，学界发现问题搜索的范围已经不同于 March 和 Simon（1958）、Cyert 和 March（1963）概念化的"问题搜索"，其搜索过程中表现出的利用性特征逐渐弱化，探索性特征有所加强（Dahlander et al.，2016）。Billinger 等（2014）指出，问题搜索是否呈现局部性特征不是一成不变的，事实上，成功会将搜索范围缩小到现状附近，而失败会促进更多的探索性搜索。

总的来说，学界对问题搜索的认识已经从最初的局部性、利用性搜索向探索性搜索发展。但是，具体的搜索情况还要联系实际情境加以分析。

二、企业注意力基础观

企业注意力基础观（attention-based view of the firm，ABV）是由 Ocasio（1997）提出的。根据 Ocasio（1997）的观点，企业行为是企业引导和分配企业决策者注意力的结果。Ocasio（1997）将注意力定义为：组织决策者将时间和精力分配到对议题和答案的注意、编码、解读以及聚焦的过程。其中，议题（issues）指的是基于对环境的理解而对所处环境状况进行分类，包括问题、机会和威胁；答案（answers）指的是可供选择的行动方案，包括建议、惯例、项目、计划和程序等。

事实上，早在 1947 年，Simon 就将"注意力"的概念引入管理学的研究。Simon（1947）认为，人类有限的注意力能力导致了其有限的理性能力。根据 Simon（1947）的观点，组织通过分配刺激物来影响个人的决策过程，这些刺激物通过引导管理者的注意力，使他们知道应该关注哪些方面。Simon（1947）认为，企业行为是一个由认知和结构共同影响的过程。也就是说，组织决策是人类有限的注意力能力和组织对个人注意力结构产生影响的结果。但是，随着这一领域研究的不断推进，注意力理论从 Simon（1947）同时强调结构和认知的重要性转向了更多地强调认知的作用，而结构对决策者注意力的传导和分配的影响被严重忽略。在这一背景下，Ocasio（1997）重新强调了在 Simon（1947）的研究中注意力结构的重要性，并对这一理念进行了深化，纳入对社会结构、环境影响、个人认知和社会认知的理解。

总的来说，根据企业注意力基础观，公司被认为是一个分散的注意力处理系统，这一系统中个体的认知和行为无法根据个体特征预测，而是需要联系个体决策者所处的特定的组织环境或情境来解读。基于此，Ocasio（1997）构建了一个模型，从注意力的角度解释企业行为。在此基础上，Ocasio（2011）进一步对注意力类型进行了划分，以帮助理解注意力影响下的企业行为。

（一）基于注意力视角的公司行为模型

根据企业注意力基础观，企业配置注意力的过程基于以下三个原则进行。

其一，注意力焦点原则（focus of attention），即决策者做什么取决于其关注的议题与答案。

其二，注意力情境原则（situated attention），即决策者关注什么议题与答案，他们做什么，取决于他们所处的特定情境。

其三，注意力结构化配置原则（structural distribution of attention），即决策者所处的具体情境及他们如何参与企业活动，取决于公司的规则、资源和社会关系如何调节和控制议题、答案，及决策者在具体活动、沟通和程序中对注意力的分配情况。

Ocasio（1997）基于"情境注意"与企业行为构造的模型中，将注意力焦点原则、注意力情境原则及注意力结构化配置原则整合到一个集成框架，如图 2-1 所示。Ocasio（1997）的这一模型包含了一组概念和相应的机制，这些概念和机制共同描述了个人、组织和社会层面的注意力加工是如何相互作用以塑造企业行为的。具体地，这一模型包含以下六个关键概念：①决策环境；②议题与答案；③程序与沟通渠道；④注意力结构，包括游戏规则、参与者、结构位置及资源；⑤决策制定者；⑥组织行动。

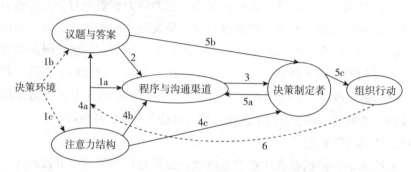

图 2-1 基于注意力视角的公司行为模型

资料来源：Ocasio（1997）。

除了这六个关键的概念，图 2-1 中的实线表示相应的作用机制，即 1a、2、3、4a、4b、4c、5a、5b 和 5c，这些作用机制与企业注意力基础观所提出的三个基本原则相互联系。

图 2-1 中影响机制 5b 和 5c 与"注意力焦点原则"相关。影响机制 1a、2、5a、3 与"注意力情境原则"相关。影响机制 4a、4b、4c 则与"注意力结构化配置原则"相关。具体地，影响机制 5b 表示"议题与答案的制定"。影响机制 5c 表示"选择组织行动"。影响机制 1a 表示的是"环境刺激"。影响机制 2 表示的是"议题与答案的呈现"。影响机制 5a 表示的是"参与结构"。影响机制 3 表示的是"议题与答案的可获得性和显著性"。影响机制 4a 表示的是"对议题与答案的评估"。影响机制 4b 表示的是"决策传导"。影响机制 4c 表示的是"利益与身份的构建"。

总的来说，Ocasio（1997）认为，研究企业行为就是解释组织及其结构是如何引导和分配决策者的注意力的。通过强调企业的注意力结构及其程序和沟通渠道是如何与企业适应环境变化的能力相联系，企业注意力基础观对解释企业是如何适应不断变化的环境这一现象具有重要意义。

（二）注意力分类

根据 Ocasio（2011）的观点，注意力并不是一个统一的概念。事实上，神经科学领域的学者通过大脑成像技术等方法对注意力进行了大量研究。他们发现，在大脑层面，注意力可以被划分为三种类别：选择性注意力、注意警觉及执行注意力。其中，选择性注意力（selective attention）描述了个体在某一时刻处理信息时，将注意力集中在一组特定的感官刺激上的过程。注意警觉（attentional vigilance）则描述了个体对特定刺激保持注意力的过程。执行注意力（executive attention）则代表了制订计划、解决问题、缓解冲突及制定决策的过程。

在这些研究的启发下，Ocasio（2011）基于组织理论对注意力进行了划分，他认为注意力可以划分为以下三种类型：注意力视角、注意力参与和注意力选择。

其中，注意力视角（attentional perspective）指的是自上而下（top-down）的一种认知（或动机）结构。随着时间的推移，注意力主体对相关刺激和反应产生高度的意识和关注。其中，注意力视角在自上而下的认知加工过程中被长期激活。注意力参与（attentional engagement）则被定义为有意识的、持续的认知资源分配过程，以指导问题解决、计划制定、意义构建和决策制定。具体来说，注意力参与在一定程度上与神经科学领域所说的执行注意力具有相似之处（Miller and Cohen，2001）；另一些学者则指出，注意力参与意味着一段时间内存在的注意警觉或注意力稳定性（Rerup，2009）。注意力选择（attentional selection）指的是主动或有意识的注意过程产生的结果，注意选择能使注意力集中于选择性刺激或排斥他人的反应上。注意力选择包括自上而下（top-down）和自下而上（bottom-up）两种注意过程。

根据企业注意力基础观，组织可以被视为一个分散的注意力处理系统。也就是说，企业注意力基础观中对注意力的定义与注意力参与的定义最接近，其将注意力视为一个需要耗费时间、精力和努力的过程。但是企业注意力基础观也认为，注意力能创造一种模式，这种模式能塑造公司战略，这与 Ocasio（2011）的研究中所说的注意力视角具有一定的相似性。并且，根据企业注意力基础观中的情境注意力原则，情境注意力会影响注意力选择，并驱动组织行动，影响组织结果。

第二节　期望落差与组织响应行为的相关研究

一、企业期望落差的内涵

根据企业行为理论，为简化决策，有限理性的企业管理者会通过将绩效与期望目标进行比较来评估企业的绩效情况，并据此改变企业行动（Cyert and March，1963）。这一过程中，期望目标作为反映组织目标的参考点，大大简化了企业的绩效评估过程。当企业绩效超过期望目标水平，即期望顺差出现，被视为一种成功，表明企业当前的战略、经营决策具有一定的优越性，在这种情况下，企业通常会维持现状；而当企业绩效低于期望目标水平，即期望落差出现，被视为一种失败，代表企业的战略、经营决策可能存在问题，因此企业会积极进行问题搜索，寻找令人满意的解决方案，以弥补绩效不足。

根据现有研究，企业通常会基于两个维度衡量企业的期望落差，一是基于历史比较得到的历史期望落差；二是基于社会比较得到的社会期望落差。

历史期望落差指的是企业自身绩效低于历史期望目标的情况，其中，历史期望目标一般用企业前一时期的业绩，或一组前一时期的平均业绩加以衡量。显然，一个企业过去的表现能作为企业于所处环境中能够和应该做得多好的参考指标。Lant（1992）及 Lant 和 Montgomery（1987）的实验表明，过去的业绩确实有助于形成期望。相关的实证研究也表明：过去的业绩会显著影响企业的期望目标水平（Mezias et al.，2002）。回顾现有研究可知，衡量历史期望目标的指标主要有以下几种：公司前一时期的业绩水平（Lim and McCann，2013；Ref and Shapira，2017）、之前多个时期的平均业绩水平（Arrfelt et al.，2013）及先前的历史期望和当前（最近）业绩的加权移动平均值（Kacperczyk et al.，2014；Kuusela et al.，2017）。其中，最后一种衡量指标是最常用的。

社会期望落差指的是企业自身绩效低于社会期望目标的情况，其中，社会期望目标指的是"可比"企业的绩效水平。学界多将同行业的其他企业的平均绩效水平（Baum et al.，2005）或同行业企业的绩效水平的中值（Iyer and Miller，2008；Zhang and Rajagopalan，2010）当作焦点企业的社会期望目标。另一些学者则基于其他特征或其他计算方法对"可比"企业进行定义并计算相应的社会期望落差，例如，基于地域的社会比较（Lv et al.，2021）、基于战略集团的社会比较（Fiegenbaum et al.，1996）、利用马氏距离计算社会比较差距（宋渊洋等，2021）等。

除了最初 Cyert 和 March（1992）提出的联合期望模型，现有研究在度量期望落差过程中主要使用以下三种模型：加权平均模型、分离模型和转换模型。其中，加权平均模型是根据企业过去的业绩和行业业绩的加权平均值生成单一的期望指标。分离模型以公司过去的业绩（自我比较）和公司所在行业的平均业绩（社会比较）分别决定历史期望目标和社会期望目标，并单独衡量两类期望目标。转换模型则系统地在自我参照点和社会参照点之间转换，产生一个单一的期望衡量标准。根据这四种模型计算期望落差的过程如下。

第一，联合期望模型。

Cyert 和 March（1963）在最初的研究中假定，一个公司通常对特定的组织目标有一个总体的期望值。这一总体的期望值被认为是该公司过去的期望目标、过去的业绩水平和同行过去的业绩水平的函数（Cyert and March，1992），基于此，Cyert 和 March（1992）构造了联合期望。

具体地，联合期望可以用式（2-1）加以测度。

$$A_{i,t} = \alpha_1 A_{i,t-1} + \alpha_2 P_{i,t-1} + \alpha_3 C_{i,t-1} \tag{2-1}$$

式中：$A_{i,t}$ 为公司 i 在第 t 期的期望目标；$A_{i,t-1}$ 为公司 i 在第 $t-1$ 期的期望目标；$P_{i,t-1}$ 为公司 i 在第 $t-1$ 期的绩效水平；$C_{i,t-1}$ 为"可比"组织第 $t-1$ 期的绩效水平。其中，参数 α_1、α_2、α_3 分别代表上一期的期望目标、上一期自身绩效水平及"可比"组织绩效水平对当期期望的重要程度，并且，$\alpha_1+\alpha_2+\alpha_3=1$。显然，式（2-1）中 α_1、α_2、α_3 作为权重参数，体现了决策过程中组织的注意力分配情况。

将企业绩效减去企业的联合期望（$A_{i,t}$），得到企业的绩效期望差距（attainment discrepancy），如式（2-2）所示。若绩效期望差距小于 0，则表明企业处于期望落差状态。

$$attainment\_discrepancy_{i,t} = P_{i,t} - \alpha_1 A_{i,t-1} - \alpha_2 P_{i,t-1} - \alpha_3 C_{i,t-1} \tag{2-2}$$

第二，加权平均模型（weighted-average model）。

加权平均模型中自我参照和社会参照的期望通常会被合并成一个单一的期望指标，这一期望指标能够平衡自我期望和社会期望的影响（Greve，

2003c）。根据 Greve（2003c）的研究，加权平均模型中的社会期望（$SocialA_{i,t}$）和自我期望（$SelfA_{i,t}$）分别可以用式（2-3）和式（2-4）加以衡量。

$$SocialA_{i,t} = (\sum_{i \neq j} P_{j,t})/(N-1) \qquad （2-3）$$

$$SelfA_{i,t} = \alpha_2 SelfA_{i,t-1} + (1-\alpha_2)P_{i,t-1} \qquad （2-4）$$

式（2-3）中：公司 i 的社会期望（$SocialA_{i,t}$）为该行业内除公司 i 之外所有其他公司在第 t 年的平均绩效；$P_{j,t}$ 为企业 j 在第 t 年的绩效；N 为行业内企业的数量。式（2-4）中：公司 i 的自我期望（$SelfA_{i,t}$）为上一期的期望与上一期实际绩效的加权平均值。通过将社会期望（$SocialA_{i,t}$）和自我期望（$SelfA_{i,t}$）进行加权平均就能得到企业总的期望目标（$A_{i,t}$），如式（2-5）所示。

$$A_{i,t} = \alpha_1 SocialA_{i,t} + (1-\alpha_1)SelfA_{i,t} \qquad （2-5）$$

将企业绩效减去企业总的期望目标（$A_{i,t}$），得到企业的绩效期望差距，如式（2-6）所示。若绩效期望差距小于 0，则表明企业处于期望落差状态。

$$attainment\_discrepancy_{i,t} = P_{i,t} - \alpha_1 SocialA_{i,t} - (1-\alpha_1)SelfA_{i,t} \qquad （2-6）$$

第三，分离模型（separate social and self measures）。

与加权平均模型能够生成一个单一的期望指标不同，支持分离模型的学者认为，历史期望和社会期望会独立地影响组织的反应，不能被合并成一个整体的期望（Greve，2003a）。基于此，一些研究独立测度了历史期望目标和社会期望目标。例如，Baum 和 Dahlin（2007）在对铁路事故进行研究时，使用历史业绩的加权移动平均数作为自我参照期望，使用当期的平均行业业绩作为社会参照期望。Harris 和 Bromiley（2007）的研究采用了前一年的业绩来衡量自我参照期望，用前一年的行业平均业绩衡量社会参照期望。

这些研究在独立衡量社会期望目标和历史期望目标时存在细微差异，但从整体上说，这些研究使用了同样的度量方法。一般来说，分离模型可以用式（2-7）和式（2-8）概括。

$$SocialA_{i,t} = \alpha_1 IndustryPerformance_{i,t} \qquad （2-7）$$

$$SelfA_{i,t} = \sum_{j=1}^{n} \alpha_2^j Performance_{i,t-j} \qquad （2-8）$$

显然，根据分离模型，能够分别计算出企业的历史期望落差与社会期望落差。将企业绩效减去式（2-7）中的社会期望目标，能够得到企业的社会绩效期望差距，如式（2-9）所示。若企业的社会绩效期望差距小于 0，则表明企业处于社会期望落差状态。将企业绩效减去式（2-8）中的历史期望目标，能够得到企业的历史绩效期望差距，如式（2-10）所示。若企业的历史绩效期望差距小于 0，则表明企业处于历史期望落差状态。

$$attainment\_discrepancy_{i,t} = P_{i,t} - \alpha_1 IndustryPerformance_{i,t} \qquad （2-9）$$

$$attainment\_discrepancy_{i,t} = P_{i,t} - \sum_{j=1}^{n} \alpha_2^j Performance_{i,t-j} \qquad （2-10）$$

第四，转换模型（switching model）。

与加权平均模型与分离模型不同，Bromiley（1991）提出了一个新的模型，即转换模型，这一模型也确定了一个单一的期望目标。根据转换模型，企业在确定期望目标时会系统地从一个参考对象切换到另一个参考对象。支持转换模型的学者认为，业绩低于行业平均水平的公司不会满足于仅仅提高业绩，却仍低于行业平均水平；同理，业绩高于行业平均水平的公司也不会满足于业绩较上一年下降，即使业绩仍高于行业平均水平。但是，若使用加权平均模型，则上述问题不可避免。基于这一可能存在的问题，学界提出了一种新的期望目标度量方法，即对绩效低于行业绩效的公司而言，其期望目标等于行业绩效；而对绩效超过行业绩效的公司而言，其往往会追求略好于之前的绩效。Bromiley（1991）以先前绩效的 1.05 倍，作为绩效超过行业平均绩效的企业的期望目标，并且 Bromiley 声称，该研究结果对这一参数的适度变化并不敏感。

事实上，转换模型中蕴含了注意力转换的原理，这也是企业行为理论的核心理论机制。具体地，转换模型可以用式（2-11）和式（2-12）表达。

$$A_{i,t} = IndustryPerformance_{i,t-1} \quad if \ P_{i,t-1} < IndustryPerformance_{i,t-1} \quad （2-11）$$

$$A_{i,t} = 1.05 \times P_{i,t-1} \quad if \ P_{i,t-1} > IndustryPerformance_{i,t-1} \qquad （2-12）$$

根据转换模型，企业的期望落差可以通过判断式（2-13）和式（2-14）中的期望绩效差距相对于 0 的大小确定。

$$attainment\_discrepancy_{i,t} = P_{i,t} - IndustryPerformance_{i,t-1} \qquad （2-13）$$

$$attainment\_discrepancy_{i,t} = P_{i,t} - 1.05 \times P_{i,t-1} \qquad （2-14）$$

二、期望落差与组织响应行为之间的关系

根据企业行为理论，企业会根据业绩与期望目标的相对大小评估企业的业绩情况并据此改变企业行动（Cyert and March，1963）。这一过程实际上描述了绩效反馈与组织响应的关系，即企业决策者通过将企业绩效与期望目标进行对比，得到一个成功或失败的信号，并据此指导企业行动。当企业绩效超过期望目标时，企业处于成功状态，在这种情况下，企业更可能坚持当前的战略、经营决策。而当企业绩效低于期望目标时，企业处于失败状态，在这种情况下，企业会将绩效不足归因于存在问题，并积极进行问题搜索，寻找令人满意的解决方案并付诸行动（Cyert and March，1963）。

回顾现有研究可以发现，期望落差会对企业的冒险动机（贺小刚等，2016；连燕玲等，2019）、企业研发投入（Chen and Miller，2007；Chen，2008；Chrisman and Patel，2012；Yu et al.，2019）、企业战略变革（连燕玲等，2014、2015）、企业进入新市场或新行业（Ref and Shapira，2017；宋渊洋等，2021）、企业国际化战略（Fang et al.，2014）、企业并购（Iyer and Miller，2008）、企业资产剥离决策（Moliterno and Wiersema，2007；Kuusela et al.，2017；文巧甜、郭蓉，2017）、企业违规行为（Harris and Bromiley，2007；Xu et al.，2019；连燕玲等，2021；Gao et al.，2021）等方方面面产生影响。此外，考虑到期望落差的类型并不是单一的，另一些学者关注了期望落差一致性与期望落差不一致对企业行为可能产生的影响（Lucas et al.，2018；Xie et al.，2019）。例如，历史期望落差与社会期望落差的一致性与不一致是否会影响企业的战略、经营决策。还有一些研究关注了影响期望落差与组织响应的边界条件，试图更好地解释同样处于期望落差状态的企业的差异化响应行为（连燕玲等，2014；Blagoeva et al.，2020）。本书将分别从以下三个方面对相关文献进行梳理：历史期望落差、社会期望落差与组织响应行为，期望落差一致性（不一致）对组织响应的影响，影响期望落差与组织响应的边界条件。

（一）历史期望落差、社会期望落差与组织响应行为

根据企业行为理论，学界在构造期望目标的过程中，主要会基于先前的历史绩效情况构建历史期望目标；或者根据"可比"企业绩效情况构建社会期望目标，其中，最常见的"可比"企业被定义为同行业企业（Baum et al.，2005）。然后将企业绩效与相应的期望目标进行比较，判断企业是否处于历史期望落差状态或者社会期望落差状态。并在此基础上，探索历史期望落差、社会期望落差与组织响应行为之间的关系。值得注意的是，也有一些学者利用加权平均模型，通过将历史期望目标与社会期望目标进行加权平均，得到一个总体的期望目标，再判断企业的期望落差状态，并据此研究期望落差与组织响应的关系。此外，随着对这一主题研究的不断深入，学界对期望落差与组织响应之间关系的研究已经从单一的线性假设拓展到非线性假设，并得到了一系列的实证证据。

具体地，学界主要关注了期望落差对企业研发创新、战略调整与变革、新市场进入、企业并购与资产剥离等方面的影响，还有一些学者关注了期望落差是否会影响企业违规等不当行为。

有研究表明，期望落差会对企业研发创新产生显著的影响。其中，贺小刚等（2016）的研究结果表明，行业期望落差的不断扩大会增加企业家的风险偏好，如从事更多的创新性活动。贺小刚等（2017a）考察了行业期望落差与历史期望落差对企业创新的影响，他们发现，不论是行业期望落差还是历史期望落差对企业创新的影响均呈倒"U"形。李健等（2018）发现，经营期望落差确实会正向影响企业的创新可持续性。苏涛永等（2021）则提供了行业期望落差对企业探索式创新产生非线性影响的证据，这两个变量之间呈倒"U"形关系。邱晨和杨蕙馨（2022）发现，与处于历史期望顺差状态的企业相比，处于历史期望落差状态的企业更可能从事技术创新。朱丽娜等（2017）提供了历史期望落差与企业研发投入之间存在非线性关系的证据。宋铁波等（2018）则考察了企业总的期望落差会如何影响企业在研发投入与广告投入之间的选择，他们发现，面对经营期望落差，企业的研发投入更少，广告投入更多。

另一些研究则表明，期望落差会显著影响企业的战略调整与变革。例如，连燕玲等（2014）检验了历史期望落差（行业期望落差）会如何影响企业的战略调整情况，并提供了这两个变量之间存在显著的正相关关系的证据。连燕玲等（2015）进一步考察了期望落差对企业战略变革的影响，他们的研究结果显示，历史经营期望落差（行业经营期望落差）会推动企业的战略变革。贺小刚等（2017b）发现，历史期望落差会推动企业的变革投入，但是，这两者的关系呈现出一种边际递减的非线性特征。连燕玲等（2019）的研究指出，更大的行业竞争期望落差会导致更大程度的战略背离。宋铁波等（2019）通过计算历史期望目标与社会期望目标的加权平均值，考察企业的经营期望落差对民营企业与国有企业战略变革的影响，他们发现了经营期望落差对这两类企业的战略变革方向会产生相反的影响，其中，经营期望落差会对民营企业的战略变革产生显著正向的影响，而对国有企业的战略变革产生显著负向的影响。

还有一些研究关注了期望落差对企业进入新市场的影响效果。其中，Lin（2014）的研究结果表明，当面对期望落差时，企业进入新的地理市场的可能性更大。Ref 和 Shapira（2017）发现历史期望落差对企业进入新市场会产生非线性影响，这两个变量之间存在倒"U"形关系。Jiang 和 Holburn（2018）则发现，企业的历史期望落差（行业期望落差）越大，其在进行国际扩张过程中更可能选择那些文化和地理位置与他们已投资的国家更接近的国家。宋渊洋等（2021）检验了社会期望落差对制造业企业进入房地产行业的影响，他们发现，社会期望落差的扩大会加大这类企业进入房地产业的概率。同时，Ref 等（2021）的研究发现，历史期望落差对企业进入新的国外市场的影响呈倒"U"形。

此外，一些学者发现期望落差会显著影响企业并购与资产剥离。其中，Iyer 和 Miller（2008）的研究发现，不论企业处于历史期望落差状态还是社会期望落差状态，随着企业绩效的上升，企业实施的并购活动会显著增多。Moliterno 和 Wiersema（2007）考察了历史期望落差与企业资产剥离决策的关系，他们发现，面对不断扩大的历史期望落差，企业决策者更可能参与资产剥离交易以利用资产剥离产生租金的机会。Vidal 和 Mitchell（2015）考察了历史期望落差与企业资产剥离决策的关系，但是他们并未发现这两者之间存在显著的联系。Kuusela 等（2017）进一步考察了历史期望落差和社会期望落差对资源消耗型组织变革及资源释放型组织变革的影响。他们发现，当面临的历史期望落差（社会期望落差）程度较小时，企业往往更愿意实施资源消耗型的企业并购；而当面临较大的历史期望落差（社会期望落差）时，企业往往更愿意实施资产剥离以释放企业资源。与 Kuusela 等（2017）的研究类似，文巧甜和郭蓉（2017）也考察了当企业处于期望落差状态时，期望落差的程度对企业并购和资产剥离选择的影响，他们发现，不论是历史期望落差还是社会期望落差均会正向影响企业的资产剥离选择，负向影响企业的并购选择。

另一些学者则发现期望落差也会对企业的不当行为产生影响。其中，

Harris 和 Bromiley（2007）的研究指出，面对行业期望落差，企业更有可能进行财务虚假陈述。贺小刚等（2016）发现，行业期望落差的不断增大，会增加企业家的风险偏好，如从事更多的破坏性活动。连燕玲等（2021）则提供了历史期望落差越大，企业财务造假的可能性越高的证据。此外，Xu 等（2019）发现，当企业处于社会期望落差状态时，企业绩效与贿赂呈显著的负相关关系，也就是说，社会期望落差越大的公司更有可能实施贿赂。Gao 等（2021）以中国制造业上市公司为研究样本，发现企业期望落差与企业不当行为之间存在倒"U"形关系。张丹妮等（2022）则提供了企业期望落差会正向影响企业的违规活动的证据。

不仅如此，这一领域的另一些研究关注了期望落差对企业创始人离任方式（吕斐斐等，2015）、高管变更（葛菲等，2016）、企业国际化速度（宋铁波等，2017）、融资决策（贺小刚等，2020）、环保投入（吴建祖和袁海春，2020）、多元化偏好（Xu et al.，2020）及对风险投资战略的重视程度（Cheng et al.，2022）等方面的影响。具体而言，吕斐斐等（2015）提供了历史期望落差对企业创始人离任方式产生显著影响的证据。葛菲等（2016）则考察了不同程度的社会期望落差与高管变更的关系，并发现了这两者之间的非线性联系。宋铁波等（2017）基于加权平均模型计算了企业的期望落差，并提供了期望落差对企业国际化速度的影响呈倒"U"形的证据。贺小刚等（2020）发现，历史期望落差会对企业长期债务融资产生非线性影响。吴建祖和袁海春（2020）提供了企业期望落差与企业环保投入之间存在倒"U"形关系的证据。Xu 等（2020）进一步检验了处于行业期望落差状态的家族企业会如何调整其国际多元化偏好，若先前这类企业已经建立起低广度—高深度的国际多元化偏好，面对行业期望落差，企业往往会扩大其多元化广度。Cheng 等（2022）则提供了期望落差会提高企业对风险投资的相对战略重视程度的证据。此外，Sengul 和 Obloj（2017）发现了子公司是否处于历史期望落差（社会期望落差）状态会影响总部对内部治理机制的设计，如制定相应的监督激励机制。

值得注意的是，这一领域最初的研究并未关注历史期望落差与社会期望落差对企业行为是否产生差异化影响。学界要么将这两类期望落差对企业响应行为的影响视为同质的，要么仅关注了其中一类期望落差的影响。但是随着研究的不断深入，一些学者开始提出历史绩效反馈与社会绩效反馈存在重大差异的观点（Bromiley and Harris，2014；Kim et al.，2015）。基于此，学界开始关注历史期望落差与社会期望落差对企业行为是否会产生不同的影响，并得到了相应的实证证据。例如，Xie 等（2019）的研究发现了历史期望落差与社会期望落差均会推动企业的对外直接投资，同时他们发现，相较于历史期望落差，社会期望落差对企业对外直接投资的促进作用更明显。Yang 等（2021）的研究也发现，与历史期望落差相比，社会期望落差对企业创新搜索的积极影响更明显。王晓燕（2021）也提供了历史期望落差与行业期望落差对企业创新行为具有差异化影响的证据，前者与企业创新行为之间呈倒"U"形关系，后者则与之呈"U"形关系。并且，她还发现，历史期望落差对企业利用式创新更敏感；而行业期望落差对企业探索式创新更敏感。

还有一些学者拓展了期望落差维度，进一步考察了不同维度的期望落差对组织响应的影响。其中，李溪等（2018）考察了期望落差的持续性和范围性对企业创新投入的影响效果，发现前者与企业创新投入具有显著的正相关关系，后者则遏制了企业创新。余天骄和肖书锋（2023）指出，期望落差持久度与企业国际化速度呈负相关。吕斐斐等（2019）则基于家族财富、声望、团结及人丁兴旺等期望目标考察了家族期望落差对企业创业退出决策的影响并提供了显著的证据。钟熙等（2022）进一步考察了创新期望落差对家族企业"去家族化"的影响效果，他们发现，创新期望落差的扩大会导致家族企业聘用更多非家族高管。

最后，与历史期望目标和社会期望目标根据过去或当期的绩效加以衡量不同，一些学者开始探索前瞻性的期望目标，例如，基于分析师预测的每股收益情况构建企业新的期望目标（Schulz and Wiersema，2018；陈伟宏等，2020；钟熙等，2020），再考察这类期望落差对企业行为的影响。其中，陈伟宏等（2020）发现，分析师期望落差与企业研发之间存在显著的负相关关系。并且，钟熙等（2020）也发现，分析师期望落差会推动企业的战略变革，同时，CEO 预期任期延长会强化这两者之间的关系。

总的来说，学界对期望落差与组织响应的研究经历了一个不断完善、不断深入的过程，并且在这一过程中得出了诸多富有启发的结论。

（二）期望落差一致性（不一致）对组织响应的影响

期望落差不仅存在类型差异，还存在程度区别，因此，在企业同时使用多种期望目标来衡量企业的绩效情况时，可能会出现基于这些指标的绩效反馈一致或不一致的情况。例如，企业可能同时处于历史期望落差和社会期望落差，但也可能同时处于历史期望落差和社会期望顺差，或者处于历史期望顺差和社会期望落差。并且，即使同时处于期望落差状态，期望落差的程度也可能不一致，即在其中一方面可能较期望目标很远，在另一方面可能接近期望目标。基于此，一些学者开始关注期望落差一致性与不一致是否会影响组织响应行为。研究结果表明，期望落差一致性与期望落差不一致都可能影响企业行为，如研发投资（Lucas et al.，2018；Lv et al.，2019；吕迪伟等，2018；Blagoeva et al.，2020）、对外直接投资（Xie et al.，2019）等。

Lucas 等（2018）的研究发现，期望落差不一致会影响企业在研发投资方面的适应性行为。他们的研究结果显示，当同时处于社会期望落差和历史期望顺差状态时，企业会减少相应的研发投资。当同时处于历史期望落差和社会期望顺差状态时，企业研发投资情况并未发生显著变化。Lv 等（2019）的研究也发现，期望落差一致与不一致会影响企业的研发强度，其中，相较一致的期望落差，不一致的期望落差降低了企业的研发强度，并且，这一现象在家族企业中更明显。此外，吕迪伟等（2018）基于长期绩效和短期绩效分别构造了两个期望落差变量，考察期望落差不一致对企业研发强度的影响。他们也发现，与期望落差一致性相比，这两种期望落差之间的不一致会显著负向影响企业的研发强度。并且，他们还发现，期望落差水平的不一致也会影响企业的研发强度。具体而言，相较更高水平的短期期望落差与更低水平的长期期望落差组合，面对更低水平的短期期望落差与更高水平的长期期望落差组合时，企业研发强度更低。Blagoeva 等（2020）则关注了不同类型的 CEO 权力会如何影响处于期望落差不一致的企业的研发搜索响应行为。Blagoeva 及其同事分别基于过去的绩效和未来的业绩预期构造了两个期望目标，他们发现，面对期望落差不一致的情况，拥有高水平的结构权力、所有权权力或专家权力的 CEO 的公司会参与较少的研发搜索；而拥有高水平的威望权力的 CEO 的公司会参与较多的研发搜索。

Xie 等（2019）则探索了期望落差一致性（不一致）对企业对外直接投资的影响，他们发现，面对期望落差一致性，即企业同时出现历史期望落差与社会期望落差时，其对外直接投资水平会进一步提升。但是，期望落差不一致对企业对外直接投资水平会产生差异化影响。其中，企业同时处于历史期望落差与社会期望顺差时，其后续的对外直接投资水平会更低；但是，企业同时处于历史期望顺差与社会期望落差时，其后续的对外直接投资水平会更高。

总的来说，期望落差一致性一方面加深了决策者对当前经营绩效不佳的认识，促使决策者更努力地寻找改善企业绩效的解决方案；另一方面可能导致企业感受到破产威胁，进而将注意力从改善企业绩效转移到确保企业生存上，在这种情况下，企业可能更关注如何避免组织行动带来的风险，并表现出僵化的特征。而面对期望落差不一致，特别是当企业同时面临期望落差与期望顺差状态时，企业决策者通常会参考两个决策规则——问题解决或自我提升。其中，问题解决规则建议决策者优先考虑低于期望目标的绩效指标，即期望落差指标（Cyert and March，1963；Greve，2003a），这会积极推动企业的问题搜索，并改变组织行为。而自我提升规则建议决策者优先关注高于期望目标的绩效指标，即期望顺差指标（Audia and Brion，2007），这会导致企业更不愿意改变。因此，企业面对期望落差不一致会如何响应取决于哪一种规则占据主导地位，即决策者更关注哪一个绩效反馈指标。

（三）影响期望落差与组织响应的边界条件

事实上，同样面对期望落差，不同的企业可能会做出截然不同的响应行为。基于此，学者认为，不同的边界条件可能会影响处于期望落差状态的企业的响应行为（Tyler and Caner，2016；贺小刚等，2017a；Xu et al.，2019）。具体而言，学者发现不论是企业内部特征还是外部环境都可能影响期望落差企业的响应行为。其中，现有研究主要关注了组织资源、组织经验、股权性质和股权结构、管理者特征、董事会特征、企业的政治关联关系等内部情境因素，以及环境不确定性、行业环境、媒体报道、法律发展、国别文化差异等外部情境因素对这一过程的影响。

一些研究表明，组织资源是影响期望落差与组织响应的重要边界条件。其中，Audia 和 Greve（2006）发现，企业资源禀赋会通过影响决策者的风险容忍度进而影响期望落差企业的风险承担水平。Arrfelt 等（2013）提供了冗余资源会弱化期望落差与企业过度投资之间的正相关关系的证据。Tyler 和 Caner（2016）的研究则指出，组织冗余会强化期望落差与研发联盟数量之间的正相关关系。贺小刚等（2017a）的研究结果显示，冗余资源会强化期望落差与企业创新之间的倒"U"形关系。连燕玲等（2019）发现，组织冗余会正向调节行业期望落差与组织战略背离的关系。王晓燕（2021）提供了冗余资源会强化历史期望落差（社会期望落差）与企业创新行为之间关系的证据。

另一些研究则发现了组织经验（含自身经验和同伴经验）是影响期望落差与组织响应的重要边界条件。其中，宋铁波等（2017）的研究结果显示，高管国际经验能缓和期望落差对企业国际化速度产生的倒"U"形影响。Choi 等（2019）发现，管理团队的外部经验更丰富时，企业研发投资强度对企业期望落差更敏感。并且，他们还发现，管理团队的外部经验与外部董事比例对这一过程的影响在一定程度上会相互替代。邱晨和杨蕙馨（2022）则发现，不论是同行公司的创新行为还是董事连锁公司的创新行为都会正向调节历史期望落差与企业技术创新之间的正相关关系。

同时，股权性质和股权结构也会影响期望落差与组织响应之间的关系。例如，连燕玲等（2014）的研究结果显示，控股股东性质会显著影响处于期望落差状态的企业的战略调整情况。李健等（2018）提供了在民营企业中期望落差对企业创新可持续性的影响更显著的证据。宋渊洋等（2021）发现，在民营企业和控股股东现金流权更高的情况下，期望落差对制造业企业进入房地产业的促进作用更明显。并且，文巧甜和郭蓉（2017）的研究结果显示，股权集中度会弱化期望落差与企业资产剥离决策之间的正相关关系。

还有一些研究关注了管理者特征对这一过程的影响，如 CEO 权力、CEO 过度自信、CEO 政治关联及 CEO 持股、高管团队社会资本等。其中，文巧甜和郭蓉（2017）发现了 CEO 权力会弱化期望落差与企业并购之间的负相关关系。陈伟宏等（2020）也指出，CEO 权力会正向调节分析师期望落差与企业研发之间的负相关关系。Schumacher 等（2020）则考察了过度自信这种特定类型的管理偏见是否会影响处于期望落差状态的企业的风险承担。他们发现，当企业处于期望落差状态时，过度自信的 CEO 往往会导致企业风险承担意愿更微弱的正向变化。张丹妮等（2022）关注了 CEO

政治关联及 CEO 持股对期望落差与企业违规之间关系的影响，并提供了 CEO 政治关联及 CEO 持股对这一过程产生显著的正向影响的证据。连燕玲等（2019）发现，高管团队社会资本能够强化行业期望落差与组织战略背离之间的正相关关系。

此外，董事会规模和持股情况以及董事会独立性等因素也会影响期望落差与组织响应之间的关系。例如，Desai（2016）的研究结果显示，董事会规模和持股比例的增加会弱化期望落差对组织变革的正向影响。Choi 等（2019）发现，外部董事比例会正向调节期望落差与企业研发强度之间的关系。Cheng 等（2022）也发现，董事会独立性对期望落差与企业对风险投资的相对战略重视程度之间的关系会产生显著调节作用。

并且，政治关联关系也可能对这一过程产生显著影响。例如，连燕玲等（2015）的研究结果显示，政治关联会强化期望落差与组织战略变革之间的正相关关系。贺小刚等（2016）则提供了政治关联会显著影响处于期望落差状态的企业冒险从事创新性活动和破坏性活动的可能性的证据。宋铁波等（2017）也发现，政治关联关系能够缓和期望落差对企业国际化速度的倒"U"形影响。

同时，另一些研究关注高管薪酬激励（Harris and Bromiley，2007）、企业经营合法性（Desai，2008）、各业务部门的绩效差异（Arrfelt et al.，2013）、股票期权（Lim and McCann，2014）、决策集中化（Joseph et al.，2016）、管理层薪酬差距（Lim，2019）等因素对期望落差与组织响应之间关系的影响并得到了相应的实证证据。

除了内部边界条件，还有一些学者考察了影响期望落差与组织响应之间关系的外部边界条件，如环境不确定性、行业环境、媒体报道、法律发展、国别文化差异等。

环境不确定性是影响期望落差与组织响应的重要边界条件。例如，朱丽娜等（2017）指出，环境不确定性会正向影响处于期望落差状态的企业的研发投入情况。连燕玲等（2019）也发现，经济政策不确定性会弱化处于行业期望落差状态的企业的战略背离程度。贺小刚等（2020）发现，环境不确定性会显著调节历史期望落差与企业融资选择之间的关系。王晓燕（2021）的研究则发现，经济政策不确定性会强化历史期望落差（社会期望落差）与企业创新之间的关系。

也有研究表明，行业环境会影响处于期望落差状态的企业的组织响应行为。例如，Schimmer 和 Brauer（2012）发现，行业动态性及行业宽裕度会显著调节期望落差与企业的战略发散—趋同之间的关系。贺小刚等（2017a）的研究结果显示，行业竞争程度会弱化期望落差与企业创新之间的倒"U"形关系。连燕玲等（2019）也提供了行业竞争程度会正向影响处于行业期望落差状态的企业的战略背离情况的证据。Xu 等（2019）也发现，当企业处于期望落差状态时，行业竞争强化了绩效与贿赂之间的负相关关系。Ref 等（2021）关注了行业增长率对处于期望落差状态的企业进入新的国外市场的影响，他们发现，行业增长率确实会显著调节期望落差与企业进入新的国外市场之间的关系。

媒体报道、法律发展及国别文化差异等因素也会影响期望落差企业的响应行为。具体而言，Cheng 等（2022）的研究指出，媒体报道会弱化期望落差与企业对风险投资的相对战略重视程度之间的正相关关系。Xu 等（2019）的研究发现，当企业处于期望落差状态时，法律发展削弱了绩效与贿赂之间的负相关关系。Lewellyn 和 Bao（2015）则关注了文化差异对这一过程的影响，他们发现，拥有较高权力距离（power distance）文化的公司更重视层级、集权和控制，从而限制了组织对绩效反馈的响应，尤其是当企业处于期望落差状态时。

总的来说，已有研究关注了影响期望落差与组织响应之间关系的各类边界条件，但是通过回顾相关研究可知，当前对内部边界条件的关注远超过对外部边界条件的关注，因此，探索更多可能影响期望落差与组织响应之间关系的外部边界条件对理解处于期望落差状态的企业的差异化响应行为有重要意义。

三、基于注意力视角的期望落差与组织响应行为

事实上，在企业行为理论提出之初，Cyert 和 March（1963）就曾指出，企业决策者是有限理性的，其会将注意力转移到不同的参考点上（March and Shapira，1987），并进一步影响企业决策。Bromiley 和 Harris（2014）也指出，企业行为理论在很大程度上是一个关于注意力分配的理论。

首先，期望落差测度过程就体现了注意力的影响。这主要是因为期望落差是通过将企业绩效与期望目标比较得出的，而企业构造期望目标的过程会受到注意力配置的影响。例如，从 Cyert 和 March（1992）构造的联

合期望模型可以看出，期望目标的形成过程本质上是将有限的注意力按照不同比例配置到上一期的期望目标、上一期的绩效水平以及"可比"组织绩效水平的过程。并且，加权平均模型也体现了将注意力按照不同的比例分配到历史期望目标和社会期望目标上的过程。分离模型则体现了企业选择性关注历史期望目标和社会期望目标的过程。转换模型中企业在构造期望目标时，也会将注意力在历史绩效和"可比"企业绩效之间来回转换。

其次，历史期望目标和社会期望目标通过将组织注意力引向不同的焦点，进一步影响了组织响应行为。具体而言，一些学者认为，历史期望目标通常更可能将组织的注意力引向过去的绩效和过去的行动，并引导组织评估其过去行动的有效性，进而从过去的经验中学习（Greve，2003b）。而社会期望目标通常更可能将组织的注意力引向同伴的表现和同伴的行动（Li et al.，2015），进而引导组织识别并向表现优异的同行学习（Haunschild and Miner，1997）。因此，基于历史期望目标和基于社会期望目标得到的期望落差可能会引发不同的组织反应。

再次，有一些学者根据期望落差程度考察了期望落差会如何影响企业的注意力并进一步作用于组织响应行为。例如，March 和 Shapira（1992）的研究指出，企业决策者不会将注意力集中在单一的参考点上，相反，他们的注意力会在期望目标和生存目标之间来回转换，最终选择其中一个作为关注点，据此指导企业行动。具体而言，March 和 Shapira（1992）认为，企业处于期望落差状态并且期望落差越大，意味着其破产距离更小，在这种情况下，企业管理者可能会认为当前的期望落差是无法挽回的，并且对企业生存造成了威胁，因此，企业管理者往往会将注意力转移到确保企业生存方面，并表现出僵化的特征。若期望落差程度相对较小，企业管理者则会认为这种差距是可弥补的，因此，企业管理者的注意力会转移到寻找改善企业绩效的解决方案上，并积极行动。

换句话说，期望落差程度会影响企业的注意力配置情况并进一步导致企业发展出不同程度的风险容忍度或风险偏好（Cyert and March，1963；Miller and Chen，2004）。当一家公司的业绩低于期望目标，即企业处于期望落差状态时，高管会把低绩效视为一个问题，进而将注意力转移到快速转型上（Greve，2003c）。在这种情况下，企业可能会表现出较高的风险容忍度，并可能愿意采取高风险行动（Cyert and March，1963）。然而，当业绩过低以致接近破产时，高管就会将业绩过低视为一种威胁，从而将注意力转移到避免破产方面（Audia and Greve，2006）。在这种情况下，企业在破产威胁下会表现出僵化的特征，进而阻碍高管采取冒险行动（Hu et al.，2011）。同样地，期望顺差的程度也会影响企业的注意力焦点。例如，Gao等（2021）考察了绩效反馈与企业不当行为之间的关系，他们基于注意力转移的视角，解释了面对不同的绩效反馈情况时，企业的注意力会如何转移，并进一步影响企业的不当行为。他们认为，随着期望落差程度不断加大，企业的注意力会从寻找改善企业绩效的解决方案上逐渐转移到避免企业破产上，从而导致期望落差与企业不当行为之间的关系呈倒"U"形；而随着期望顺差程度不断加大，企业的注意力会从维持现状，避免冒险转移到追求新机会带来的收益上，从而导致期望顺差与企业不当行为之间的关系呈"U"形。

最后，注意力配置会影响面对期望落差不一致的企业的响应行为。有学者指出，面对不一致的期望落差时，企业决策者经常会采用"自我提升规则"或者"问题解决规则"。这一过程就体现了注意力配置的作用。若决策者采用"自我提升规则"，则意味着其会将注意力更多地集中于期望顺差指标上；若决策者采用"问题解决规则"，则意味着其会将注意力更多地集中于期望落差指标上。显然，这两种注意力配置情况会导致不同的组织响应行为。

此外，有一些学者发现，不同的情境因素对企业适应性期望的形成会产生影响。例如，Blettner 等（2015）发现，在企业生命周期的早期阶段，组织构造适应性期望（adaptive aspiration）时，会将更多的注意力集中在历史期望上；而当企业处于生命周期的末期，组织构造适应性期望时，会将更多的注意力集中在"可比"组织的绩效表现上。Hu 等（2017）考察了多部门企业的社会比较与注意力转移过程，他们分别基于外部竞争市场和公司内的姊妹部门构造了两个社会比较参照群体，即经济参照群体和政治参照群体。他们发现，如果出现一致的社会反馈，即在一个多部门公司中，一个部门的表现同时优于（或低于）经济参考点和政治参考点，该部门随后在形成未来期望目标时，会将更多的注意力配置到自身的经验上。如果出现不一致的社会反馈，即在一个多部门公司中，一个部门的表现优于一个社会参考点，同时低于另一个参考点，该部门随后会分配相对更多的注意力到它表现不佳的社会参考点上，形成未来的期望目标。这一过程表明，企业的期望形成在一定程度上会受到注意力配置的影响。Berchicci

和 Tarakci（2022）则发现，面对波动性更大的商业环境，企业管理层的注意力会从"可比"组织绩效转移到自身的历史期望目标上。

总的来说，学者们逐渐意识到注意力配置在期望落差与组织响应过程中扮演了重要角色，并对这一过程产生了不容忽视的影响。

第三节　企业资产剥离的相关研究

一、资产剥离的定义

资产剥离是指公司通过出售、分拆、股权切离或杠杆收购等方式对其所有权和业务组合结构进行调整（Brauer，2006；Kolev，2016），其目的是纠正低效的组织结构、缓解资源错配问题，以更好地适应环境变化并提高企业绩效（Lee and Madhavan，2010）。在战略管理研究和商业实践中，资产剥离已经越来越被视为一项重要的战略活动（Brauer，2006；Lee and Madhavan，2010）。

根据现有研究，出售（sell-offs）指的是将资产从一家公司出售给另一家公司以换取现金或证券的资产剥离行为（Rosenfeld，1984）。值得注意的是，一些学者直接将出售定义为狭义的资产剥离（Capron et al.，2001）。分拆（spin-offs）则是指一家公司按比例将其在子公司拥有的所有股份分配给自己的股东的资产剥离行为（Miles and Rosenfeld，1983），在这个过程中，母公司从剥离出来的资产中创建一家独立的上市公司（Bergh and Lim，2008）。股权切离（equity carve-out）指的是以首次公开发行（IPO）的方式向投资者出售部分被剥离单元的股票的资产剥离行为（Frank and Harden，2001）。杠杆收购（leveraged buyout）指的是一家公司的股票或资产，包括子公司，由投资者集团购买，通常也包括现任管理层（Schipper and Smith，1983）。在这些资产剥离方式中，出售和分拆是最常见的两种资产剥离方式。

除了关注资产剥离的不同方式，学界对资产剥离与企业并购的关系也展开了激烈的讨论。研究之初，资产剥离被视为并购的"镜像"。这种误解主要来源于一种简单的假设：一家公司剥离的资产必然会被另一家公司收购（Buchholtz et al.，1999）。显然，这一理解忽略了资产剥离的多种形式。准确地说，资产出售在一定程度上确实类似于一种"逆并购"的过程。

由于并购后剥离资产是一种普遍的现象（Ravenscraft and Scherer，

1987；Porter，1987），因此，一些学者认为，资产剥离意味着先前并购的失败。但是，经验证据表明，并购后再剥离的公司通常在过渡时期表现良好（Allen et al.，1995）。Kaplan 和 Weisbach（1992）发现，多达一半的最终被剥离的并购活动被认为是成功的。Hamilton 和 Chow（1993）也指出，企业实施资产剥离交易更多的是服务于企业发展而非扭转之前的决策失误。还有一些学者发现，剥离被收购部门的选择是使收购价值为正的原因（Shimizu and Hitt，2005）。这些研究表明，企业并购与资产剥离是公司动态能力的体现（Heimeriks et al.，2012）。不论是并购还是资产剥离，都是基于企业内部特征以及外部市场环境的战略选择行为（Bennett and Feldman，2017）。此外，另一些学者开始将企业并购和资产剥离结合起来，探索其对调整企业资源和创造企业价值的意义（Feldman，2020）。

总的来说，资产剥离与企业并购都是对企业高质量发展具有重要意义的战略选择，在什么时机选择什么方式取决于具体的情境和企业发展状况，这一过程并非一成不变而是动态变化的。

二、资产剥离的影响因素

回顾现有研究可知，企业资产剥离的影响因素主要有两个方面：内部影响因素和外部影响因素。从经验上看，公司和业务单元的绩效表现、母公司的债务水平、多元化水平、公司规模、技术创新、公司治理特征、相互依赖程度或网络位置、组织学习等内部因素都被发现会影响企业的资产剥离进程。而环境不确定性程度、行业环境、外部治理机制等外部因素也会影响企业的资产剥离选择。具体而言，本书分别回顾了以下几类影响企业资产剥离选择的内外部因素。

（一）内部影响因素

首先，学者发现不论是公司整体表现不佳还是公司的业务单元表现不佳都有可能影响企业的资产剥离选择。并且，更高的杠杆率和多元化水平也会推动企业的资产剥离进程。同时，企业规模和企业技术创新会影响企业的资产剥离选择。例如，Ofek（1993）、Denis 和 Shome（2005）的研究结果均表明，业绩较差且杠杆率较高的公司，资产剥离的发生率较高。另一些研究则指出，业务单元层面的疲软表现和相对更高的债务水平也会引发资产剥离（Duhaime and Grant，1984；Hoskisson and Johnson，1992）。值得注意的是，Miles 和 Rosenfeld（1983）的研究发现，在一段时间内企业超额收益普遍为正，企业也会进行相当数量的分拆，这可能与分拆能使分拆单元价值最大化有关。除绩效表现和债务水平会影响企业的资产剥离选择外，另一些学者发现，归核化也是资产出售的重要动机（John and Ofek，1995）。苏文兵等（2009）也发现，多元化程度越高，企业剥离资产越多。吴剑峰（2009）的研究进一步支持了矫正过度多元化会推动企业资产剥离这一论点。此外，Duhaime 和 Grant（1984）以及 Bergh（1997）则发现了企业规模对资产剥离活动的积极影响。Kaul（2012）则提供了技术创新作为企业范围变化的驱动因素会影响企业资产剥离选择的证据。

其次，探究企业资产剥离内部影响因素的学者发现，公司治理特征会显著影响企业的资产剥离选择。不论是股权结构、管理层特征、董事会特征、薪酬激励还是治理改革等都是重要的影响因素。其中，在股权结构方面，有研究指出，第一大股东持股比例的增加会导致企业资产剥离交易显著下降，但是另一个重要大股东或者家族股东的出现能在一定程度上抑制这种对资产剥离的负面偏见（Nguyen et al.，2013）。Feldman 等（2016）及 Kim 等（2019）则考察了控股股东类型或者说产权性质对企业资产剥离选择的影响，并得出家族企业（CEO）更不愿意剥离资产的结论。另一些研究则聚焦管理层特征对这一过程的影响，例如，高管更替（Feldman，2014）、CEO 继任来源（Chiu et al.，2016）、管理层持股（Gibbs，1993）、CEO 对现状的承诺（Chiu et al.，2022）及高管类型——无论是通才型高管还是专家型高管（Xu et al.，2021）都会影响企业的资产剥离选择。还有一些研究发现了董事会特征对企业资产剥离选择会产生影响，例如，董事会独立性（Kolev，2016）、董事会性别和种族多样性（Kolev and McNamara，2020a）、内部兼任网络（薛有志等，2022）等都会影响企业的资产剥离选择。此外，管理层薪酬激励（Sanders，2001）、薪酬不平等（Feldman et al.，2018）也是企业剥离资产的重要影响因素。同时，实施治理改革对企业剥离资产会产生积极影响（Tuschke and Sanders，2003）。值得注意的是，最新的一项研究考察了利益相关者导向对企业资产剥离选择的影响并提供了这两者之间存在显著的负相关关系的证据（Bettinazzi and Feldman，2021）。

再者，有一些研究关注了企业相互依赖程度或企业所处的网络位置对其资产剥离选择的影响。其中，母子公司之间的联系、各业务单元之间的相互依赖程度、企业在企业集团或企业间网络中所处的位置等因素都会影响企业的资产剥离概率。例如，Duhaime 和 Grant（1984）的研究结果表明，在资产剥离决策中，一个部门与其他部门及母公司关系的紧密程度扮演着重要角色。Xia 和 Li（2013）也证实了相互依赖程度会影响子单元被剥离的概率。另一些研究则指出，企业在企业集团中的位置（Park et al.，2020）、在企业间网络的位置（Iurkov and Benito，2020）及其网络联系（Song，2021）都会影响企业的资产剥离选择。

另一些文献关注了组织学习对企业资产剥离选择的影响。这些文献指出，特定的组织经验使企业更倾向于在未来的交易过程中选择相同的交易形式，如资产剥离（Villalonga and Mcgahan，2005）。Bergh 和 Lim（2008）也发现，随着企业积累了与资产出售相关的经验，在之后的很长时间内，它们会继续将资产出售作为企业重组的重要形式。Peruffo 等（2018）进一步证实了经验会成为企业资产剥离的先决条件，并触发组织学习过程，进而增加企业后续剥离资产的可能性。另一些研究则关注了企业资产剥离过程中同伴经验带来的学习效果。例如，Liu 和 Li（2020）发现，跨国公司在东道国遭遇恐怖袭击时，会从同行业企业及母国地理位置相近的企业的资产剥离行为中获取相关信息并学习，从而促使其剥离资产。Hui 等（2020）通过对 1996~2015 年 460 家日本国际合资企业的资产剥离行为进行分析，也发现了因果归因在同伴绩效学习中的重要作用。并且，吴倩和薛有志（2021）也提供了焦点企业的资产剥离选择会受到地区同群企业资产剥离决策的显著影响的证据。

最后，一些学者考察了不同情境下企业在剥离资产和其他行为之间的选择问题，如是更可能出售还是解散（Chang and Singh，1999）、更可能发行证券还是出售资产（Desai and Gupta，2019）。

值得注意的是，由于跨国公司具有自己的独特性，学界也专门关注了影响跨国公司资产剥离的内部因素。研究表明，企业网络（Iurkov and Benito，2020；Song，2021）、子公司特征（Konara and Ganotakis，2020）、本土偏见（Resmini and Marzetti，2020）、母子公司关系（Wu et al.，2021）等都是影响跨国公司资产剥离的重要因素。

（二）外部影响因素

除了关注企业资产剥离的内部影响因素，另一些研究关注了影响企业资产剥离选择的外部因素，包括环境不确定性程度、行业环境、外部治理机制等。

首先，有研究指出，环境不确定性会影响企业的资产剥离选择。例如，Hoskisson 和 Hitt（1990）及 Chatterjee 等（2003）都提供了环境不确定性的增加可能会引发企业资产剥离交易的证据。并且，Bergh 和 Lawless（1998）也发现，环境不确定性和动荡程度的增加会刺激多元化程度更高的公司剥离资产。这主要是因为，在不确定性更高的情况下，公司管理多样化投资组合的成本会相应提高。但是，另一些研究发现，市场不确定性降低了企业剥离资产的可能性。其中，Zhou 等（2011）的研究指出，1997 年亚洲金融危机之后，泰国国内企业并没有增加对外围部门的剥离以聚焦主业或获取资金；相反，这类企业在危机之后减少了对核心部门的剥离。他们的研究结果表明，面对巨大的金融危机带来的不确定性，国内企业会努力保住核心业务，避免被贱卖。此外，有研究发现，面对不确定性条件，企业会选择分阶段的剥离资产而不是完全剥离或者完全不剥离（Damaraju et al.，2015）。这是因为，在不确定性条件下，追求利润最大化的企业会延迟投资决策（Dixit and Pindyck，1995），一旦决定投资，他们将采取灵活的分阶段投资方式。

其次，行业环境也是影响企业资产剥离选择的重要因素。事实上，早在 2000 年，Mulherin 和 Boone（2000）就发现，资产剥离与并购一样，往往会出现行业集聚现象，这在一定程度上意味着行业环境确实会影响企业的资产剥离选择。随着研究的不断深入，学者发现，产业集中度、行业增长情况、行业流动性、行业技术变革等因素都会对企业的资产剥离选择产生影响。例如，Powell 和 Yawson（2005）的研究发现，行业的高度集中增加了企业的资产剥离交易。Ilmakunnas 和 Topi（1999）则关注了行业增长情况的影响，他们发现，行业的低增长或负增长会增加企业未来剥离资产的可能性；而在高增长时期，由于生存机会增加，企业的资产剥离概率更低。值得注意的是，Harrigan（1982）及 Sembenelli 和 Vannoni（2000）的研究结果显示，主营业务所处行业正经历高速增长的多元化企业会剥离更多的边缘业务，以充分利用主营业务的优势，实现利益最大化。另一些学者则聚焦行业流动性的影响，其中，Schlingemann 等（2002）发现，处于流动性高的行业的资产更可能被剥离。Harrigan（1982）和 Jensen（1993）则研究了行业技术变革对企业资产剥离的影响，他们发现，一个行业的技术变革程度越大，该行业内企业资产剥离的可能性越高。

还有一些研究关注了外部治理机制，如媒体压力，对企业资产剥离选择的影响。例如，Durand 和 Vergne（2015）对武器行业进行了分析，他们发现，媒体对焦点公司及其同行的攻击都增加了焦点公司剥离资产的可能性。他们认为，企业从被污名化的行业剥离资产，能够向专业记者、投资者和公众发出相应的信号，即公司决心精简活动，重新专注于更易于被接受的发展目标，并管理其长期声誉（Love and Kraatz，2009）。这种情况下，资产剥离提供了切实的证据，表明管理层正在实质性地与这个污名化行业保持距离。

最后，与专门研究影响跨国公司资产剥离的内部因素类似，另一些学者集中关注了跨国公司资产剥离的外部影响因素。不论是政治风险增加（Berry，2013）还是母国特征，如母国的制度透明度等（Soule et al.，2014），都可能影响跨国公司的资产剥离选择。需要注意的是，这些研究通常将企业面对的宏观环境视作同质的。但是事实上，尽管企业面对的国家层面的政治体制是统一的，但同一国家内的各公司也面临特定的政策环境，因为政府通常在对企业实施政策方面享有一定程度的自由裁量权。因此，有研究表明，政府政策通常会让一些公司受益，而损害其他公司的竞争力（Persson and Tabellini，2000）。也就是说，政府会挑选具体的赢家和输家。基于此，Blake 和 Moschieri（2017）研究了跨国公司在东道国遭遇特定的负面政策冲击对其资产剥离选择的影响，他们发现，企业在特定的政策环境中经历负面变化，会导致企业重新评估其政策风险敞口和管理政策环境的能力，从而使它们更有可能剥离资产。同时，他们发现在同一地区其他国家遭遇的不利政策冲击，也会导致该公司增大在东道国的资产剥离概率，但是并没有证据表明政策争议会在企业间产生溢出效应。

总的来说，与内部影响因素相比，现有文献对企业资产剥离的外部影响因素的研究还存在很多不足，因此，进一步探索影响企业资产剥离的外部因素有一定的理论和现实意义。

三、资产剥离的经济后果

现有关于企业资产剥离经济后果的实证研究表明，整体而言，资产剥离会改善公司的会计业绩（Hoskisson and Johnson，1992；John and Ofek，1995；Lee and Madhavan，2010；郭伟、郭泽光，2020）。并且，企业剥离资产也得到了资本市场的积极响应（Alexander et al.，1984；Owen et al.，2010；Lee and Madhavan，2010）。例如，Markides（1992）的研究发现，企业在宣布出售资产后的两天内，股东的累计非正常收益为1.73%。Markides和Berg（1992）的研究进一步指出，这种反常的股价上涨在首次宣告剥离资产后持续了大约两个月。根据交易成本经济学和代理理论，资产剥离的积极绩效和资本市场的积极响应主要来源于经营效率与管理效率的改善（John and Ofek，1995）。

但是，也有研究提供了资产剥离对企业绩效消极影响的证据（Markides，1992、1995；Markides and Berg，1992）。例如，Markides（1992）报告称，1/3的资产剥离破坏了股东价值。还有研究指出，当资产剥离收益被保留时，股票市场对资产出售的平均反应是负的（Lang et al.，1989；Ataullah et al.，2010；Clayton and Reisel，2013）。一些学者认为，之所以会出现负面的市场反应，是因为保留收益时，管理裁量权导致的代理问题可能会损害企业价值（Lang et al.，1995；Clayton and Reisel，2013）。此外，一些学者则认为，资产剥离和缩减规模之所以会对公司产生有害影响，是因为它们会导致员工士气低落，或者丧失对某些关键资源的控制权，因此会在短期内造成巨大的会计损失（Freeman and Cameron，1993；Markides，1995）。

那么，具体是什么原因导致了这些差异化的资产剥离后果？有学者指出，这可能要归结于不同的资产剥离前因。但是，也有学者指出，就算具备相似的前因变量，也可能出现差异化的资产剥离结果。例如，Moschieri和Mair（2012）就主张，前因变量本身并不足以解释资产剥离结果的差异性，关注资产剥离的边界条件则可能对预测资产剥离效果具有重要意义。此外，有学者指出，资产剥离过程对资产剥离后果也可能会产生不容忽视的影响（Gopinath and Becker，2000；Brauer，2006；Moschieri，2011；Defren et al.，2012；Thywissen et al.，2018）。的确，决策本身的配置在很大程度上影响着战略行动的最终结果（Thywissen，2015）。Dean和Sharfman（1996）更是指出，组织结果会同时受到决策有效性和执行有效性的影响。

总的来说，学界日渐意识到不论是资产剥离前因、资产剥离过程还是不同的边界条件都可能影响企业资产剥离的最终结果。具体而言，本书主要回顾了资产剥离交易特征、企业自身特征及相关的情境因素对企业资产剥离后果的影响。

（一）资产剥离交易特征的影响

回顾现有研究可知，关于企业资产剥离交易特征对其经济后果产生影响的研究主要关注了资产剥离时机、资产剥离方式及资产剥离收益的用途这几个方面。

首先，资产剥离时机确实会影响企业的资产剥离后果。与收购类似，资产剥离通常也发生在产业浪潮中（Mulherin and Boone，2000）。因此，有学者研究了在资产剥离浪潮不同阶段实施的资产剥离交易的经济后果是否存在差异，他们发现，在行业资产剥离浪潮早期出售资产的企业获得了明显更高的股票市场回报，而在行业资产剥离浪潮达到顶峰时发生的资产剥离，其股票市场回报最低，也就是说，剥离时机与股票市场回报之间的关系呈"U"形（Brauer and Wiersema，2012）。对于这一结果，早在Bikhchandani等（1998）的研究中就给出了可能的解释：在资产剥离浪潮顶峰剥离资产，更可能被解读为管理者忽视私人信息，跟从他人而采取的行动。换言之，市场会将此类资产剥离视为模仿性的资产剥离行为，而非经过深思熟虑后作出的选择，这会导致市场反应不积极。此外，Alexandrou和Sudarsanam（2001）发现，在经济衰退期内宣布剥离资产的公司，相对于在经济增长期内宣布剥离资产的公司，会获得更高的异常回报。

其次，一些学者则关注了资产剥离方式，如资产剥离交易方式及资产剥离支付方式等对资产剥离后果的影响。实证结果表明，就整体而言，分拆较抛售和股权切离会引发更大的正向市场反应（Mulherin and Boone，2000；Frank and Harden，2001）。此外，有学者发现，股票交易通常能比现金交易为卖方创造更多的价值（Slovin et al.，2005）。这种差异化的结果一般被认为是由于不同的资产剥离方式所传递的协同和非协同收益的信息不同导致的（Vijh，1999）。

最后，一些学者提供了资产剥离收益的不同用途也会影响其市场反应或长期绩效的证据。其中，对于将资产剥离收益用于偿还债务的情况，现有研究得出了不一致的结论。一些研究发现，投资者对出于偿还债务动机的资产剥离反应更积极（Lang et al.，1995），另一些研究则发现了负面的市场反应（Brown et al.，1994）。Clayton和Reisel（2013）考察了收益被保留时的影响效果，他们发现，当收益被保留时，股票市场对资产出售的平均反应是负的，这种负面反应主要是源于管理裁量权导致的代理问题。

Nguyen 和 Vu（2018）的研究进一步指出，若保留卖方倾向把资产出售的收益浪费在破坏价值的收购上，则会对他们的长期业绩产生负面影响。

（二）企业自身特征的影响

除了关注交易特征对资产剥离后果的影响，另一支研究聚焦企业特征对这一过程的作用效果。具体而言，现有研究表明，产权性质、资产剥离的主导者、资产剥离经验、大股东持股变化、管理模式、财务状况、公司治理特征、企业间或企业内的相互联系等均有可能影响企业的资产剥离后果。

有研究指出，产权性质的差异会影响企业的资产剥离后果。其中，家族企业的资产剥离已经被证实比非家族企业的资产剥离会产生更高的股东回报（Feldman et al.，2016）。并且，考虑到资产剥离是一种双边交易，Feldman 等（2019）进一步研究了焦点企业与交易对手的产权性质组合对资产剥离市场反应的影响，他们发现，当家族企业将资产剥离给非家族企业时，市场反应相较另外三种情况更积极。另一些学者则发现，市场对不同产权性质企业的资产剥离行为会有不同的反应，如 Xu 等（2017）发现，非国有企业抛售房地产子公司会出现正向的市场反应；而国有企业抛售房地产子公司则会出现负向的市场反应。除了关注产权性质的影响，Chen 和 Feldman（2018）的研究聚焦资产剥离的主导者是否会对剥离效果产生差异化影响，他们发现，与管理者主导的资产剥离相比，对冲基金主导的资产剥离交易对股东价值的长短期影响均更积极。这主要是因为：对冲基金代表的维权投资者可以作为一种治理机制，积极推动实施管理层未能进行但有价值的资产剥离并释放其中的价值。此外，一些学者发现，丰富的资产剥离经验有助于资产剥离效果的提升（Humphery-Jenner et al.，2019）。同时，有学者发现，剥离资产前大股东的持股变化会成为投资者判断资产剥离好坏的"屏幕"，进而影响资产剥离的市场反应（Bergh et al.，2020）。另一些研究则关注了基于价值的管理（VBM）（Knauer et al.，2018；Sebastian et al.，2021）及企业财务状况（Shleifer and Vishny，1992；Clayton and Reisel，2013；Finlay et al.，2018）对资产剥离收益的影响，并得到了肯定的结论。

另一些研究影响企业资产剥离后果的文献聚焦公司治理特征的影响，他们发现，从整体上看，当资产剥离卖方的公司治理状况较好时，他们的收益会更高。具体而言，学界发现，不论是董事会独立性（Hanson and Song，2000）、私人债权人的监督（Datta et al.，2003b）、实施治理改革（Tuschke and Sanders，2003）、双重董事（Feldman，2016a）还是董事会性别和种族多样性（Kolev and McNamara，2020a）都可能影响企业的资产剥离后果。

此外，还有一些学者关注了企业间或企业内的相互联系对资产剥离后果的影响，如剥离单元与母公司和其他业务单元之间的联系及实施资产剥离的公司与中介机构之间的联系等。现有研究指出，剥离那些与公司其他业务联系更紧密的传统业务，可能会压低剥离后的企业业绩（Feldman，2014）。事实上，早在之前的研究中，就有学者发现累计异常收益率与剥离外围资产呈正相关关系（Markides，1992；Dittmar and Shivdasani，2003）。剥离与核心业务不同行业的资产或业务比剥离与核心业务相同行业的资产或业务之所以更受欢迎，是因为剥离不相关的业务单元或资产更有可能提高效率，这类剥离能够消除过度多元化带来的负向协同效应（John and Ofek，1995）。另一些学者则关注了公司与财务顾问之间的关系对剥离后绩效的影响，他们发现，联系时间更久的公司—顾问关系和更高的任务相关性对改善剥离后绩效有积极的影响，而公司—顾问关系的排他性则是一柄双刃剑（Pathak and Chiu，2020）。

（三）情境因素的影响

为了更有效地理解企业资产剥离的差异化后果，另一些研究重点关注了影响企业资产剥离与剥离后绩效之间关系的情境因素。研究表明，不论是企业资产剥离经验、行业特征还是先前绩效等都可能影响这一过程。

Brauer 等（2017）的研究指出，资产剥离经验对公司抛售活动和随后的会计业绩之间的关系具有显著的调节作用。他们发现，公司普遍的抛售经验对这一过程具有积极的影响，但是更高程度的经验异质性则会对企业抛售行为与后续绩效之间的关系产生负向影响。此外，顾问和同行的外部抛售经验对资产剥离与公司绩效之间的关系具有显著正向的影响。Brauer 和 Wiersema（2012）的研究则关注了行业宽裕度及产业动态性的调节效果，他们发现，不论是行业宽裕度还是产业动态性均会显著正向影响企业在剥离浪潮中的位置与资产剥离市场回报之间的"U"形关系。郭伟等（2020）也提供了行业特征对资产剥离后果的差异化影响的证据。最后，有一些学者考察了先前的绩效表现对这一过程的调节作用，他们发现，资产剥离会加剧劣势，增强优势：业绩较差的企业剥离资产能提高利润，但也抑制了销售增长，并加速了企业作为独立参与者的退出；相比之下，先前表现更好的企业剥离资产则会将剥离收益投资于现有资产并获得新的增长，同时避免成为收购目标（Vidal and Mitchell，2018）。

值得注意的是，随着对企业资产剥离经济后果的研究不断深入，学界除了关注资产剥离对企业会计业绩和市场表现的影响，还考察了资产剥离的其他经济后果，如对管理层薪酬（Feldman，2016b）、企业并购（Mavis et al.，2020）、企业创新（李萍等，2019；Eklund and Feldman，2020；Kim et al.，2021）、企业风险承担（彭睿等，2020）等的影响。

总的来说，资产剥离前因、过程以及情境因素都可能影响企业资产剥离的完成情况，进而影响企业资产剥离后果。值得欣喜的是，与最初将资产剥离与积极的业绩反应联系在一起不同，学界开始从更多的视角和更深的层次对资产剥离的经济后果进行研究，加深了对这一过程的理解和认识。

四、资产剥离的阻碍

尽管资产剥离对改善企业绩效和形成企业竞争优势具有重要意义（Kolev，2016），但是，经理人可能对实施资产剥离并不热衷。事实上，实施资产剥离往往困难重重（Gopinath and Becker，2000；Haynes et al.，2007）。Sanders（2001）认为，企业剥离资产存在一定的风险。具体而言，现有研究主要从以下几个方面分析了企业资产剥离可能的阻碍：组织惯性、认知偏见、管理者个人追求等。

首先，组织惯性的存在会导致企业剥离资产面临风险。根据组织理论，改变企业内部的制度化惯例是一件成本高、难度大的事（Kaplan and Henderson，2005）。例如，Leonard-Barton（1992）就提出了企业面对环境变化时"核心能力"会变成"核心刚性"的观点。这就导致企业在很多情况下并不愿意剥离资产。因为资产剥离通常与出售公司资产或从母公司分离业务单元有关，公司内部结构安排会因此出现重大变化，并可能引发激烈的政治斗争和来自管理者和员工的抵制，甚至可能改变企业在市场上的竞争地位（Pines，1984；Hoskisson and Johnson，1992；Dial and Murphy，1995）。

事实上，资产剥离通常需要分离共享的财务资源、管理资源及声誉资源等（Corley and Gioia，2004；Semadeni and Cannella，2011），这一过程对整个组织的发展而言意味着需要支付高昂的成本并且大多数时候难以实现。换句话说，某些资产剥离交易可能会破坏多元化公司内部随着时间的推移而形成的组织价值、能力和相互依存的关系，并可能导致资产剥离成本超过资产剥离收益的情况出现（Feldman，2014）。例如，由于剥离了某些业务单元，母公司失去了对这些业务单元的创新能力或对价值链至关重要的资源的访问权（Moschieri，2011）。并且，被剥离的部门可能会成为母公司的竞争对手，因为这些部门可能拥有能直接与母公司竞争的技术，甚至可能与母公司的竞争对手发展成战略合作关系（Semadeni and Cannella，2011），进而对母公司的发展造成威胁，导致了资产剥离风险。

同时，资产剥离增加了不确定性和模糊性（Wright et al.，2000；Haynes et al.，2007），破坏了业务单元和母公司之间的心理契约和相互义务（Robinson et al.，1994）。并且，部门经理往往不愿意与母公司分离，因为他们缺乏创业精神，并把资产剥离与失败联系在一起（Wright et al.，2000；Haynes et al.，2007）。Bagwell 和 Zechner（1993）发现，业务单元的管理者会尽量降低其所在业务单元被剥离的可能性。因此，那些面临剥离风险的业务单元管理人员为了维护他们的工作安全、组织地位及政治关系，可能会抵制资产剥离（Buchholtz et al.，1999）。此外，对于员工而言，资产剥离可能会带来一种心理创伤（Taylor，1988；Karakaya，2000），因为资产剥离带来的动荡性可能会使其失去安全感，并对职业前景更加焦虑不安，导致员工对资产剥离产生抵制情绪。

其次，大量研究表明，认知偏见会限制资产剥离活动（Decker and Mellewigt，2012；Quigley and Hambrick，2012）。例如，Karaevli（2007）指出，由于企业内部的社会化过程，长期任职的高管更可能有狭隘的观点，其对现状的承诺会随着任期增加而加强，因此，长期任职的 CEO 可能不会作出剥离资产的决定，因为他们会受到现状偏见、情感联系或承诺升级等特定认知偏见的影响（Decker et al.，2010）。McClelland 等（2010）及 Feldman（2014）的研究也都表明，CEO 对现状的承诺增加了他们对战略变革的不情愿。的确，现状偏见会导致战略持久、风险规避或组织惰性（Datta et al.，2003a）。对于高管而言，若非迫不得已，资产剥离并不会成为他们的选择。

再次，管理者的个人追求与企业资产剥离在一定程度上是相悖的。例如，资产剥离与管理者追求增长的目标不一致（Donaldson and Lorsch，1983；

Denis et al., 1999）。并且，通常来说，资产剥离还可能会导致管理层薪酬下降。因为更大的公司规模通常会带来更高的薪酬（Hambrick and Finkelstein, 1995）。有研究表明，每当公司规模扩大一倍，高管薪酬就会增加 1/3（Nguyen et al., 2013）。也就是说，资产剥离会通过影响公司规模进而对高管薪酬产生负面影响。此外，资产增长能为管理者提供更多的机会来建立自己的职业生涯，并利用企业资源服务于自身利益，而剥离资产意味着管理者将失去这些机会。例如，管理者能将不良投资隐藏在公司的资产负债表中，而处置资产则会暴露其糟糕的管理决策。因此，经理人更愿意通过逐步折旧来消化损失而非剥离资产（Nguyen et al., 2013）。

最后，资产剥离在一定程度上意味着承认之前的策略是错误或不恰当的（McNamara et al., 2002）。并且，这一过程在某些时候被描述为软弱或失败的信号（Dranikoff et al., 2002）。这导致剥离资产可能会在一定程度上损害经理人的声誉（Markides and Singh, 1997）甚至影响其职业生涯。基于此，企业高管会尽量避免进行这类交易，以使自己远离这些负面印象，尽管有时会以股东利益为代价（Gibbons and Murphy, 1992）。此外，企业除了以价值最大化为目标，有时候也会优先考虑其他目标，如企业的长期生存（Buchholtz et al., 1999）等，这也会导致管理者避免剥离资产。

总的来说，正是因为资产剥离过程存在诸多风险，企业需要为此支付高昂的成本，所以，若非企业得到必须剥离资产的信号，企业管理层往往不愿意实施资产剥离交易。

第四节　文献述评

一、文献小结

学习企业行为理论和企业注意力基础观，并回顾期望落差与组织响应行为的相关研究及企业资产剥离的相关研究，为本书奠定了坚实的理论基础。企业行为理论自提出以来就成为理解企业行为的重要理论依据。并且，由于企业决策者是有限理性的（Cyert and March, 1963），因此，其会将注意力转移到不同的参考点上（March and Shapira, 1987），进而影响企业决策。根据企业行为理论，企业会通过比较绩效与期望目标的大小评估企业的业绩情况，并据此改变企业行为（Cyert and March, 1963）。当企业绩效低于期望目标，即企业处于期望落差状态时，企业会积极发起问题搜索，寻找令人满意的解决方案以弥补绩效不足。这种情况下，企业的注意力会转移到寻找改善企业绩效的解决方案上。而当企业绩效超过期望目标，即企业处于期望顺差状态时，则表明企业当前的战略、经营决策是合理有效的，企业就会选择维持现状，不会轻易做出改变。此时，企业的注意力会转移到如何避免组织行动可能带来的风险上。

根据企业行为理论，学界对期望落差与组织响应行为之间的关系进行了系统的探索，包括期望落差会引发哪些类别的组织响应行为，期望落差一致与不一致又会如何影响企业行为，以及不同的边界条件又会对期望落差与组织响应产生怎样的影响，由此得到了一系列富有启发的结论。并且，随着对期望落差与组织响应的研究不断深入，学界更加重视这一过程中注意力配置可能产生的影响，以更清晰地阐述期望落差影响组织响应的过程。

此外，本书回顾了资产剥离的相关研究，包括资产剥离的定义、影响因素、经济后果及资产剥离可能遇到的阻碍。作为一种能够有效提升企业资源配置效率进而改善企业绩效、增强企业竞争力、实现企业高质量发展的战略手段，资产剥离对企业发展的重要性不言而喻。无论是企业的绝对绩效水平、债务水平、多元化程度、公司治理特征等内部因素，还是环境不确定性、企业所处的行业环境、外部治理机制等外部因素，都可能影响企业的资产剥离选择。同时，随着对企业资产剥离的认识不断深入，学者们发现，资产剥离前因、资产剥离过程及不同的情境因素都可能对企业资产剥离的经济后果产生影响。另一些研究则关注了企业资产剥离可能面对的阻碍。其中，组织惯性、认知偏见、管理者个人追求等都可能阻碍企业的资产剥离进程。这些原因使企业管理层若非收到明确的需要剥离资产的信号，往往会表现出对资产剥离的抵制态度。

二、已有文献可能存在的不足

尽管现有关于期望落差与组织响应的文献关注了期望落差对企业研发创新、企业的战略调整与变革、企业进入新市场及企业违规行为等的影响，并且考察了不同的边界条件对这一过程可能产生的作用，但是目前对期望落差与企业资产剥离选择之间关系的研究还处于起步阶段。具体而言，Moliterno

和 Wiersema（2007）的研究指出，面对期望落差，企业更可能通过剥离资产获取相应的租金。Kuusela 等（2017）及文巧甜和郭蓉（2017）则基于资产剥离的资源释放效应，考察了处于期望落差状态的企业的资产剥离选择，他们都发现，随着期望落差扩大，企业更可能通过剥离资产释放资源。

显然，面对期望落差，企业积极进行问题搜索，寻找令人满意的解决方案时，资产剥离作为一种能有效改善企业绩效的资产重组方式，会出现在这类企业的选择集中。但是，研究企业资产剥离的学者也指出，尽管资产剥离能改善企业绩效（Konara and Ganotakis，2020），但也伴随着诸多风险（Sanders，2001）。而现有研究期望落差与企业资产剥离选择的文献更多强调了资产剥离的资源释放效应，忽略了资产剥离伴生的风险。这可能会对理解期望落差与企业资产剥离选择的关系产生一定的偏差。

考虑到企业行为理论在很大程度上是一种关于注意力配置的理论（Bromiley and Harris，2014），本书在阐述期望落差对企业资产剥离选择影响的过程中考察了注意力配置的作用，以深入理解这一过程。根据企业行为理论，处于期望落差状态的企业会将绩效不足视为一个问题，并进行问题搜索，寻找令人满意的解决方案以改善企业绩效。本书认为，在这一过程中，由于企业急于改善绩效，会更多地关注解决方案对改善企业绩效发挥的作用，而对解决方案伴生的风险关注度相对较低，这就导致这类企业更愿意接受资产剥离这一有风险但也能有效改善企业绩效的解决方案，进而推动了企业的资产剥离进程。

由于当前学界对期望落差与企业资产剥离选择之间关系的认识尚不全面，处于期望落差状态的企业剥离资产却是一种常见的现象，基于此，本书立足我国国情，从企业的生产、经营实践出发，探索期望落差与我国上市公司资产剥离选择之间的关系，并着重考察了情境因素对这一过程的影响，以便更全面地认识和理解我国上市公司期望落差下的资产剥离选择行为。

　　本章的主要内容是构建研究内容之间的理论联系并提出相应的研究假设。具体而言，本书的主要研究内容为：期望落差会如何影响企业的资产剥离选择？期望落差特征是否会对这一过程产生影响？在不同情境下，这两者之间的关系是否会发生变化？根据企业行为理论和企业注意力基础观，本书认为，无论是面对历史期望落差还是社会期望落差，企业都会将注意力转移到恢复企业绩效方面并积极进行问题搜索，同时，在问题搜索过程中，处于期望落差状态的企业会更多地关注潜在的问题解决方案对改善企业绩效产生的帮助而较少关注伴生的风险，从而加速企业行动。而企业资产剥离恰好是一种伴随风险也能有效改善企业绩效的资产重组方式，因此，面对期望落差，企业更愿意接受资产剥离这类解决方案，并积极推进企业剥离资产以弥补绩效不足。

　　考虑到历史期望落差与社会期望落差的来源差异可能会影响企业管理者对期望落差状态的解读，本书分别考察了这两类期望落差对企业资产剥离选择的影响效果。并且，不同的期望落差特征中包含了不同的信息，这也可能会影响处于期望落差状态的企业的资产剥离选择，因此，本书进一步检验了期望落差特征对这一过程的影响效果。

　　同时，企业行为理论强调了边界条件对绩效反馈与组织响应的重要影响（Cyert and March，1963），并且"情境注意"也是企业注意力基础观的重要观点（Ocasio，1997），因此，从整体上认识期望落差与企业资产剥离选择之间关系后，本书进一步考察了不同的内外部情境因素对这一过程的影响，以便更全面地理解这两者之间的关系，也为后续有效地指导企业资产剥离实践提供参考。需要指出的是，本书并不否认面对期望落差时企业会采取其他类型的响应行为。

第一节　期望落差与企业资产剥离选择

一、期望落差类型对企业资产剥离选择的影响

根据企业行为理论，企业通过比较实际绩效与期望目标的高低来评估绩效情况，据此调整企业的行动方向（Cyert and March，1963）。在 Cyert 和 March（1963）的研究中，期望被广泛地理解为目标。通常情况下，企业会根据自身的历史绩效表现形成历史期望目标，或者根据"可比"企业绩效，特别是同行业企业绩效，形成社会期望目标，并以此为参考点，比较实际绩效与期望目标的相对距离，以决定今后的行动方向。企业行为理论指出，当企业的实际绩效低于期望目标，即企业处于期望落差状态，表明当前的战略、经营决策存在一定的问题，企业会将注意力转移到改善企业绩效方面，积极进行问题搜索，寻找令人满意的解决方案并加以行动；反之，当企业的实际绩效超过期望目标，即企业处于期望顺差状态，表明当前的战略、经营决策存在一定的优越性，企业会将注意力转移到维持现状方面，此时企业往往不愿意改变。

当企业处于期望落差状态时，资产剥离作为一种能够有效改善企业绩效、提升企业竞争地位的资产重组方式（Defren et al.，2012；Kolev，2016；Konara and Ganotakis，2020），无疑是一种可行的选择。通过资产剥离，企业能移除低效的资产并将资产剥离收益转移到更有价值的用途上，从而有效提升企业的资源配置效率并改善企业绩效（Hoskisson et al.，1994；Lee and Madhavan，2010）。同时，根据企业行为理论，企业管理者是有限理性的，因此，当企业剥离资产后，相对简化的决策环境使企业管理者能将有限的注意力集中到范围或规模更小的业务上，从而实现更有效的管理，并改善企业的竞争地位。也就是说，资产剥离作为一种能够有效释放企业财务资源和管理资源的资产重组方式，是处于期望落差状态的企业的最优选择之一。例如，Moliterno 和 Wiersema（2007）的研究指出，随着企业的绩效表现相较历史期望目标不断下降，企业决策者更可能参与资产剥离交易以利用资产剥离产生租金的机会。Kuusela 等（2017）以及文巧甜和郭蓉（2017）考察了绩效反馈对企业并购与资产剥离选择的影响，通过将并购视

为一种资源消耗行为，将资产剥离视为一种资源释放行为，他们发现，随着期望落差的扩大，企业实施资产剥离以释放企业资源的可能性增加。

总的来说，现有关于期望落差对企业资产剥离选择影响的研究集中关注了资产剥离可能带来的资源释放效应或者租金，但是，资产剥离过程也伴随着诸多风险（Sanders，2001），导致经理人往往不愿意剥离资产（Quigley and Hambrick，2012）。那么，为什么处于期望落差状态的企业会愿意剥离资产？本书根据企业行为理论和企业注意力基础观，提出了期望落差影响企业资产剥离选择的新路径。本书认为，处于期望落差状态的企业的注意力会转移到如何恢复企业绩效方面，因此，这类企业会积极搜索问题解决方案。并且，由于面临改善绩效的压力，这类企业在评估问题解决方案的过程中，会将更多的注意力配置到解决方案对改善企业绩效发挥的作用上，而较少关注解决方案可能导致的风险，在这种情况下，权衡解决方案的风险及收益后，期望落差企业更可能接受资产剥离这类面临风险但也能显著改善企业绩效的解决方案。下面将具体分析"期望落差—问题搜索、注意力配置—企业资产剥离"的作用过程。

现有研究表明，剥离资产能改善企业的会计绩效（Hoskisson and Johnson，1992；Markides，1995；John and Ofek，1995；Hillier et al.，2009；Lee and Madhavan，2010），并得到资本市场的积极响应（Alexander et al.，1984；Hite et al.，1987；Owen et al.，2010；Lee and Madhavan，2010）。例如，Markides（1992）发现，在发布资产剥离公告后的两天内，公司获得了1.73%的超额收益。Markides 和 Berg（1992）则进一步指出，这种积极的市场反应在首次宣告剥离资产后持续了大约两个月。Lee 和 Madhavan（2010）的研究也提供了资产剥离对企业后续绩效有显著正向影响的证据。

另一些研究则表明，实施资产剥离往往需要面对很多困难（Phan and Hill，1995；Wright et al.，2000；Gopinath and Becker，2000；Haynes et al.，2007）。首先，根据组织理论，改变企业内部的制度化惯例面临着高昂的成本，并且困难重重（Kaplan and Henderson，2005）。由于资产剥离意味着将某些业务部门或者资源分离出去，这会导致组织结构安排方面的重大变化，甚至影响公司在市场上的竞争地位。事实上，资产剥离往往会引发强烈的政治问题和公司内外部反对（Dial and Murphy，1995）。通常情况下，资产剥离涉及对共享的财务资源、管理资源、声誉资源的分离（Semadeni and Cannella，2011）以及对长期以来逐渐形成的相互依赖关系和价值链的破坏

（Feldman，2014），大多数组织在这一过程中都会经历漫长的"阵痛期"。例如，由于剥离掉某些业务单元，母公司会失去对这些业务单元的创新能力等方面的控制权（Moschieri，2011），而这些控制权可能对母公司的可持续发展至关重要。换句话说，剥离资产对组织结构造成的冲击导致了较大的不确定性与风险。

其次，资产剥离过程可能会毁坏管理层承诺，导致业务部门的管理人员及员工的抵制情绪和内心的惶惶不安（Buchholtz et al.，1999；Karakaya，2000），从而导致整个剥离资产过程无法平稳过渡，造成资产剥离的成本上升、风险加剧。一方面，资产剥离带来的不确定性和模糊性（Gopinath and Becker，2000），可能会打击企业员工的工作积极性，进而影响企业生产率，并对企业的竞争力和可持续发展产生负面影响。另一方面，业务单元的管理人员出于维护自身工作安全和组织地位的考量，对剥离所在的业务部门也存在抵制情绪（Buchholtz et al.，1999）。但是这些管理人员掌握了所在业务单元经营状况的最明晰、最全面的信息，相反，CEO对业务单元的了解反而没那么全面。在抵制情绪下，业务单元的管理人员可能并不愿意提供最有效的信息帮助高级管理人员判断该业务单元是否需要剥离或如何剥离是最有效的，相反，他们会隐藏一定的信息，从而导致相应的风险产生。

此外，分阶段看企业资产剥离，也能发现这一过程充满风险与挑战。有学者指出，资产出售事实上是一种困难重重的多阶段活动（Brauer，2009）。Brauer 等（2017）进一步将资产出售过程划分为资产识别、资产交易、资产分离和资产重新配置这四个主要阶段，并回顾了每一个阶段的工作任务，发现每一个阶段都充满风险。具体而言，在资产识别阶段选择需要出售的资产时，企业管理者需要综合考虑各业务单元之间的相互依赖程度，力求在剥离资产的过程中对剩余业务部门的负面影响达到最小。资产交易阶段则需要寻找合适的买家、确定合适的交易方式、商定合理有利的交易条件和交易价格。例如，Brauer 和 Wiersema（2012）就指出，选择有效性与时机有效性对企业能否成功剥离资产有重要影响。在资产分离阶段需要做到平稳分离剥离部门，尽可能减少内外部客户的流失，降低对员工工作积极性的打击。在资产重新配置阶段需要认真评估资产剥离收益的各种用途，选择对提升企业资源配置效率最有效的方案。显然，这四个阶段都面临着诸多风险与挑战。

正是因为企业资产剥离充满风险，若非必要，管理层往往不愿意剥离资产或者对于是否剥离资产犹豫不决。而期望落差提供了一个"契机"，在这一情境下，由于期望落差意味着消极的绩效反馈，企业获得了当前的战略、经营决策并非最优的信号。根据企业行为理论，企业的注意力会发生转移，其注意力会更多地转移到寻找改善企业绩效的解决方案上而非维持现状。同时，期望落差企业也会面临更大的内外部压力，无论是股东、分析师还是媒体，都会对这类企业开展更仔细、严格的审查。因此，这类企业寻求改变的倾向更大。在这种情况下，为了尽快改善企业绩效，期望落差企业的管理者在搜索问题解决方案并评估解决方案的过程中，往往会更关注解决方案对改善企业绩效发挥的作用，而相对忽视解决方案伴生的风险。因此，他们在评估是否应该剥离资产时，会更关注资产剥离对改善企业绩效发挥的作用。根据企业注意力基础观，企业管理者的注意力是有限的，当企业管理者更多地关注资产剥离对绩效改善的积极影响时，其配置在资产剥离可能的风险方面的注意力自然就随之下降，最终导致这类企业更愿意接受并实施资产剥离这一方案。

根据企业行为理论，企业在进行绩效评估时往往会以历史期望目标或者社会期望目标为参考点考察自身的绩效状况。当企业处于历史期望落差状态时，表明企业当前的绩效水平低于历史期望目标。其中，历史期望目标源自组织过去的表现（Greve，2003c）。显然，一家企业过去的表现能在一定程度上作为其当下应该和能够表现得多好的指标。因此，企业的绩效低于历史期望目标，表明企业的表现未能达到根据历史表现预测的绩效水平，这在一定程度上意味着其战略或者经营决策需要改进，这就导致企业会积极进行问题搜索，直到找到令人满意的解决方案并付诸行动。也就是说，处于历史期望落差状态的企业的注意力会转移到寻求改善企业绩效的解决方案上，并塑造相应的企业行动。

社会期望落差则表明企业的绩效水平相较"可比"企业的平均绩效水平更低，如企业的绩效水平低于行业平均水平。并且，由于"可比"企业，如同行业企业，在经营环境方面具有很大的相似性，故"可比"企业的平均绩效水平在一定程度上也能作为焦点企业预期应该表现得如何的参考。而社会期望落差表明，在相似的经营环境下，焦点企业的经营绩效达不到平均水平，因此，其战略、经营决策需要相应作出改变，以弥补绩效不足。

总的来说，无论是面对历史期望落差还是社会期望落差，都传达了企业战略、经营决策可能存在问题的信号，并且，处于期望落差状态的企业也可能面对更严格的外部审查，基于此，企业管理者会积极进行问题搜索，寻找弥补绩效不足的解决方案。

面对期望落差及伴生的更严格的外部审查，这类企业会积极搜索问题的解决方案并进行相应的评估。本书认为，由于急需将企业绩效恢复到期望目标，这类企业在评估相应的解决方案过程中会重新配置注意力——将注意力更多地配置到解决方案对改善企业绩效产生的帮助上。而企业注意力基础观的一个重要观点在于企业管理者的注意力是有限的，因此，当企业更多地关注解决方案对改善企业绩效的积极影响时，相应地，其对解决方案可能带来的风险的关注程度就会有所下降。这意味着处于期望落差状态的企业在决定是否剥离资产时，更可能关注资产剥离对改善企业绩效发挥的作用，而对资产剥离可能带来的风险关注不足，从而导致这类企业更愿意接受资产剥离这一解决方案。

总的来说，在这一过程中，企业通过改变注意力配置情况，塑造了企业的资产剥离选择。这与企业注意力基础观的中心观点是契合的——企业行为是企业引导和分配企业决策者注意力的结果（Ocasio，1997）。

基于以上分析，本书认为，无论是处于历史期望落差状态还是社会期望落差状态，为了弥补绩效不足，企业都会积极进行问题搜索。而企业资产剥离能通过剥离与公司整体业务匹配度不高的业务或部门获得相应的收益，并将其配置到更有价值的业务中，实现资源配置效率的提升；也能在一定程度上使公司业务范围更明晰，相关的代理成本下降，从而正向影响公司的估值与发展；更能将管理者有限的注意力配置到更有价值的业务上，实现更有效的管理，从而改善企业绩效。因此，资产剥离是期望落差企业的可能选择。并且，基于前面的分析，当企业绩效低于期望目标时，企业会谋求积极改变以弥补绩效不足。其在进行问题搜索的过程中，会将更多的注意力配置到解决方案对改善企业绩效发挥的作用上，而更少地关注伴随的风险，这在很大程度上降低了企业管理者因为担忧资产剥离可能的风险而不愿意实施资产剥离交易的可能性。也就是说，处于期望落差状态的企业在考虑是否剥离资产时，会更关注资产剥离的绩效改善效果，对资产剥离伴生的风险关注度较低，这就导致这类企业权衡资产剥离的收益与风险后，更愿意接受资产剥离这一解决方案，从而促使企业实施更多的资产剥离交易。

基于以上分析，本书提出以下研究假设。

假设 1：处于历史期望落差状态的企业会实施更多的资产剥离交易。

假设 2：处于社会期望落差状态的企业会实施更多的资产剥离交易。

值得注意的是，尽管本书认为不论是历史期望落差还是社会期望落差均会显著正向影响企业的资产剥离选择，但是，由于历史期望落差与社会期望落差的来源存在差异，其包含的信息也各不相同，对企业资产剥离选择的正向影响程度也可能不同。

根据现有研究，历史绩效反馈与社会绩效反馈确实会对组织响应产生差异化的影响。因为这两类绩效反馈所采用的参考点是不同的，所以管理层对历史绩效反馈与社会绩效反馈会有不同的理解。

历史期望目标是基于过去的业绩和期望形成的，而社会期望目标是基于"可比"企业绩效形成的。显然，决策者可以更全面、有效地理解自身的绩效，但可能无法轻松、无误地理解其他组织的绩效情况。因此，有学者指出，组织可能会以不同的强度和行动类型回应历史绩效反馈和社会绩效反馈（Audia and Greve，2006；Kacperczyk et al.，2014；Bromiley and Harris，2014；Kim et al.，2015）。其中，一些研究发现，相对于社会绩效反馈，组织对历史绩效反馈的响应会更强烈（Greve，2003b；Iyer and Miller，2008）。Greve（2003b）发现在影响日本造船业生产增长方面，历史期望目标的影响明显高于社会期望目标。对这一结果他给出了以下解释：造船业的经营者把其他企业看作评价自身业绩的不合适的标准。Iyer和 Miller（2008）也提供了历史绩效反馈对并购行为有更强烈的影响的证据，特别是对于没有破产威胁的公司而言。但是，另一些学者则发现组织对社会绩效反馈的响应更强烈（Baum and Dahlin，2007；Kotlar et al.，2013）。Baum 和 Dahlin（2007）发现了社会绩效反馈在降低美国货运铁路行业事故成本方面的作用强于历史绩效反馈。他们推测，这一结果可能是因为铁路行业重视事故成本的同行比较，进而导致这一结果被高度审查。Kotlar 等（2013）则发现，民营企业和家族企业可能对社会绩效反馈更敏感，但对历史绩效反馈却不敏感。

此外，Kim 等（2015）从理论视角对社会期望目标与历史期望目标进行了比较，他们指出，社会期望目标相较历史期望目标具有明显的模糊性特征，历史期望目标"依赖于历史，反映了企业的能力和资源"（Greve，2003a）。因此，历史期望目标更可预测、更可靠，企业据此能更好地理解自身业绩变化的来源（Greve，2003b；Kim et al.，2015），相应地，企业可以更快地作出有效的改变；而社会期望目标依赖于对其他公司业绩结果来源的假设。因此，Kim等（2015）认为，当业绩高于社会期望目标时，对卓越业绩来源的模糊理解导致企业管理者将成功归因于自身的能力，从而在战略行动中产生更多的信心。相比之下，当业绩高于历史期望目标时，这种业绩反馈的明晰性会让管理者更加谨慎。也就是说，由于社会期望目标和历史期望目标的差异性，基于这两种期望的绩效反馈会对企业行为产生差异化影响。还有一些学者从绩效反馈的持久性出发，利用绩效反馈持久性的概念区分社会绩效反馈和历史绩效反馈之间的差异（Yang et al.，2021）。他们将绩效反馈的持久性定义为特定的绩效反馈在随后的时间段内持续存在的可能性。他们认为，同一行业内存在着企业间的流动性障碍——行业经济结构及企业资源和能力的隔离机制，因此，社会绩效反馈的持久性特征更突出。在这种情况下，与历史绩效反馈相比，社会绩效反馈对创新搜索的影响会更显著，他们的实证结果也支持了他们的假设。并且，还有学者发现，历史绩效反馈和社会绩效反馈不仅会影响组织响应的程度，还可能导致不同的组织反应。例如，Kacperczyk等（2014）发现，内部期望增加了风险承担，而外部期望激发了战略变革。

本书认为，历史绩效反馈与社会绩效反馈来源的差异性会导致管理者对消极的历史绩效反馈（历史期望落差）与消极的社会绩效反馈（社会期望落差）存在不同的理解。而管理者对期望落差的理解会影响之后的问题搜索动机和注意力配置情况，进而影响企业行为。也就是说，管理者对历史期望落差和社会期望落差的解读会影响其随后的资产剥离选择。

具体来说，一方面，根据Kim等（2015）的观点，由于历史期望落差以自身先前的绩效情况作为参考点，因此，对于企业而言，历史期望落差更可靠。社会期望落差是与"可比"企业绩效对比得出的，焦点企业对"可比"企业绩效的因果推断往往是模糊的，并且选择真正合适的"可比"企业也极具挑战，因此，相较历史期望落差，社会期望落差具有更大的模糊性特征，其可靠性也相应更低。这导致企业管理者可能更愿意相信历史期望落差反映了真实的相对绩效水平，而对社会期望落差的信任度没那么高。也就是说，管理者对历史期望落差和社会期望落差的信任程度存在差异，导致企业面对不同的期望落差时进行问题搜索的动机不同。相比处于社会期望落差状态的企业，处于历史期望落差状态的企业因为更加坚信其落差状态是可靠的，往往会更积极地进行问题搜索，并在决定是否剥离资产的过程中，将注意力更多地集中在资产剥离对绩效改善的积极影响上，从而导致历史期望落差对企业资产剥离选择的正向影响程度更高。

另一方面，个体有自我服务（self-serving）归因的心理倾向（Staw et al., 1983），这使管理者更倾向将失败归咎于外因，而将成功归结于内因。显然，对历史期望落差和社会期望落差进行自我服务归因的难度是存在差异的。事实上，面对历史期望落差时，企业更可能进行自我服务归因——因为历史期望落差是通过将绩效与历史期望目标比较得出的，而历史期望目标是基于企业过去的表现衡量的，因此，历史期望落差涉及一个较长时间范围的比较，这就使企业管理者更可能为不佳的业绩表现"找借口"，将其归咎于无法控制的外部事件。而社会期望落差是将企业绩效与"可比"企业，如同行业企业，进行比较得出的。显然，焦点企业与"可比"企业面临的外部环境高度相似，这就使焦点企业的管理者很难将企业绩效不佳归咎于不可预测的外部事件。因此，在自我服务归因的影响下，相比于处在历史期望落差状态的企业，处在社会期望落差状态的企业的问题搜索动机更强，其在作出是否剥离资产的决定时，更关注资产剥离对改善企业绩效的积极影响，从而导致社会期望落差对企业资产剥离选择的正向影响程度更高。

总之，历史期望落差和社会期望落差对企业资产剥离选择的正向影响程度孰高孰低最终取决于管理者的哪一种认知占上风。

二、期望落差特征对企业资产剥离选择的影响

根据前面的分析，处于期望落差状态的企业会将注意力转移到寻找改善企业绩效的解决方案上，并且在评估问题解决方案的过程中，这类企业往往会将注意力更多地集中在解决方案的绩效改善效果上，而更少地关注解决方案可能带来的风险。基于这一逻辑，本书认为，处于期望落差状态的企业在决定是否剥离资产的过程中，更可能将注意力集中在资产剥离对改善企业绩效发挥的作用上，而更少地关注资产剥离可能带来的风险，权衡收益与风险后，这类企业往往更愿意接受并实施资产剥离交易。

事实上，从出现期望落差到企业剥离资产这一过程，包含了企业管理者对期望落差信息的解读、注意力配置的变化、塑造企业行动多个步骤。因此，期望落差状态包含的信息差异会对企业的最终决策产生重要影响。基于此，本书进一步探究了不同的期望落差特征对这一过程的影响。具体地，本书关

注了期望落差一致性、期望落差不一致以及期望落差持续性的影响效果。

（一）期望落差一致性（不一致）的影响

根据现有研究，绩效反馈的一致性或不一致都会影响企业的响应行为。Lucas等（2018）关注了绩效反馈之间的冲突对组织响应的影响。Lucas及其同事认为，绩效反馈之间的不一致实际上发出了混合的信号，这可能会让组织决策者产生歧义。并且，他们发现，历史绩效反馈与社会绩效反馈的不一致确实会影响企业的研发投资水平。郭蓉和文巧甜（2017）则通过计算历史业绩期望差距与行业业绩期望差距的相关性衡量绩效反馈类型。他们发现，一致性反馈和不一致性反馈均会导致企业战略变革程度提高。还有一些研究考察了向上社会比较（upward social comparison）的不一致性对企业合作研发的影响，并得到了肯定的答案（Lv et al.，2021）。

显然，一致的绩效反馈加强了管理者对企业当前绩效状况的认知，而不一致的绩效反馈则可能释放出模糊的信号。事实上，由于企业管理者是有限理性的，因此，面对不一致的绩效反馈时，企业往往会选择性关注其中一种绩效反馈情况，并指导企业行动。具体来说，面对不一致的绩效反馈，企业决策者主要会参考两种决策规则——问题解决或自我提升。其中，"问题解决"规则建议决策者优先考虑低于期望目标的绩效指标（Cyert and March，1963；Greve，2003a），即期望落差指标，并积极进行问题搜索，寻找改善企业绩效的解决方案。而"自我提升"规则建议决策者关注高于期望目标的绩效指标（Audia and Brion，2007），即期望顺差指标，在这种情况下，企业往往不愿意改变。因此，企业对绩效反馈的最终响应取决于哪一种规则占据主导地位。总的来说，面对不一致的绩效反馈，企业会选择性地关注某一类绩效反馈指标并以此指导企业行动。

值得注意的是，尽管一致的绩效反馈加强了管理者对当前绩效状况的认识，但是，这一过程中企业的注意力也可能发生转移，特别是当面对一致的消极绩效反馈（即期望落差一致性）时，企业往往会感知到一种破产威胁，因此，企业的注意力很可能从改善企业绩效转向确保企业生存，进而导致企业非但不愿意进行问题搜索反而更加僵化。

基于此，本书认为，期望落差的一致性（不一致）会影响企业的问题搜索动机和注意力配置情况，进而影响其资产剥离选择。具体地，企业可能面临历史期望落差—社会期望落差、历史期望落差—社会期望顺差、历史期望顺差—社会期望落差、历史期望顺差—社会期望顺差这四种状态，而本书主要关注的是期望落差一致性（不一致）对企业资产剥离选择的影响，因此，本书分别考察了前三种绩效反馈组合对企业资产剥离选择的影响。

根据企业行为理论和企业注意力基础观，当企业同时处于历史期望落差状态和社会期望落差状态时，企业管理者对企业经营状况不佳的认识会加深，这会进一步激发企业的"问题搜索"动机并影响企业的注意力配置情况，进而影响企业行为。根据前述研究假设，在这种情况下，这类企业可能会实施更多的资产剥离交易。但是，当企业同时处于历史期望落差状态和社会期望落差状态时，由于企业感知到了较严重的生存威胁，企业的注意力往往会从改善企业绩效转向确保企业生存。为了保证企业生存，企业管理者可能会避免一切有风险的行动，此时，这类企业更偏好坚守组织惯例，不采取任何行动，包括不愿意实施资产剥离交易。本书认为，面对期望落差一致性，企业更可能将注意力从"期望目标"转移到"生存目标"，同时表现出极度的风险厌恶特征，从而导致这类企业实施的资产剥离交易更少。

当企业面对不一致的期望落差，即企业处于历史期望落差—社会期望顺差或者历史期望顺差—社会期望落差状态时，企业管理者往往会表现出两种可能的行为模式：一是问题解决（Cyert and March，1963；Greve，2003a），二是自我提升（Audia and Brion，2007）。若管理者面对期望落差不一致时扮演着问题解决者的角色，那么其在这一过程中会将注意力更多地聚焦消极的绩效反馈指标——期望落差方面，并积极进行问题搜索，寻找改善企业绩效的解决方案，这会导致这类企业剥离更多的资产；若管理者面对期望落差不一致时致力于保护自身形象和职业发展前景——自我提升，那么其在这一过程中会将注意力更多地聚焦积极的绩效反馈指标——期望顺差方面，这会降低企业行动的动机，并影响企业的注意力配置情况，从而减少企业的资产剥离交易。本书认为，面对期望落差不一致，企业管理者更可能采取"自我提升"策略，即将注意力更多地配置于积极的绩效反馈指标，并塑造企业行为。这就导致这类企业可能会实施更少的资产剥离交易。

基于以上分析，本书提出以下研究假设。

假设 3a：期望落差一致性会显著负向影响企业的资产剥离选择。

假设 3b：期望落差不一致会显著负向影响企业的资产剥离选择。

（二）期望落差持续性的影响

期望落差一致性与期望落差不一致会影响企业的资产剥离选择，期望落差的持续情况也会对这一过程产生影响。

事实上，期望落差的持续性是期望落差在时间维度上的一种特征，其直接揭示了期望落差的持续程度。显然，期望落差的持续时间不同，其中包含的关于期望落差状态的信息也大不相同。若企业面临的期望落差持续时间较长，则表明企业绩效不佳的信号是一致的、稳定的，这会进一步强化管理者对绩效不佳的认识。因此，持续的期望落差可能会令管理者开始担心企业的生存问题。在这种情况下，这类企业的注意力不会转移到寻找改善企业绩效的解决方案上，反而会转移到如何确保企业生存上。换句话说，这类企业可能会对组织行动面临的风险更敏感，使其更不愿意接受并实施资产剥离这一饱含风险的方案。

相反，若企业面临的期望落差持续时间很短，则意味着企业当前所处的期望落差状态并不会威胁到企业的生存，此时，企业认为这种绩效差距是可以弥补的。在这种情况下，这类企业对组织行动可能导致的风险敏感度相对较低。也就是说，期望落差持续时间更短时，企业的注意力会转移到寻找弥补绩效不足的方案上，并积极采取行动。并且，在这一过程中企业评估解决方案时，会更关注解决方案对改善企业绩效带来的帮助，而较少关注可能的风险，从而导致这类企业更愿意接受并实施资产剥离这一解决方案。

基于以上分析，本书提出以下研究假设。

假设 4a：历史期望落差持续时间越久，处于历史期望落差状态的企业更不愿意实施资产剥离交易。

假设 4b：社会期望落差持续时间越久，处于社会期望落差状态的企业更不愿意实施资产剥离交易。

第二节　影响期望落差与企业资产剥离选择的边界条件

企业行为理论本质上描述的是绩效反馈与组织响应的过程，随着研究的深入，学界逐渐发现，相同的绩效反馈可能导致差异化的组织响应行为。基于此，一些学者认为，考察相应的边界条件对理解这些差异化的组织响应行为具有重要意义（Lin，2014；Jiang and Holburn，2018；Lim，2019）。在这种情况下，越来越多的研究开始关注情境因素，或者说边界条件对绩效反馈与组织响应的影响。具体而言，学者们发现，无论是组织资源、组织经验、内部治理特征、破产风险等内部因素，还是企业经营环境、文化背景、制度发展、政策不确定性等外部因素都可能对这一过程产生影响（Tyler and Caner，2016；宋铁波等，2017；Desai，2016；Iyer and Miller，2008；Schimmer and Brauer，2012；O'Brien and David，2014；Xu et al.，2019；贺小刚等，2020）。

根据前述研究假设，处于期望落差状态的企业会将注意力转移到寻找改善企业绩效的解决方案上，并且，这一过程中企业会将注意力更多地集中在解决方案对改善企业绩效发挥的作用上，而更少地关注相应的风险，这就导致这类企业更愿意接受资产剥离这一解决方案，从而推动了企业资产剥离交易的实施。进一步地，考虑到不同的情境因素会影响企业的问题搜索动机和注意力配置情况，进而影响组织响应行为，因此，本书在分析期望落差与企业资产剥离选择之间关系的基础上，从组织资源、组织经验、公司治理特征及破产风险这几种内部情境因素出发，考察内部情境因素对期望落差与企业资产剥离选择之间关系的影响；同时，结合我国上市公司的经营发展环境，本书从企业经营环境、区域风险文化、中介市场发展、政策不确定性这几种外部情境因素出发，考察外部情境因素对期望落差与企业资产剥离选择之间关系的调节作用。

一、内部情境因素

（一）组织资源

现有研究指出，组织资源是组织搜索最重要的权变因素之一（Kuusela et al.，2017；李璨等，2019）。其中，冗余资源在这一过程中的作用更是被广泛关注。学者们发现，冗余资源作为一种边界条件，会显著影响绩效反馈与企业过度投资（Arrfelt et al.，2013）、研发联盟数量（Tyler and Caner，2016）、企业创新（贺小刚等，2017a）、组织战略背离（连燕玲等，2019）、企业进入房地产业的概率（宋渊洋等，2021）等变量之间的关系。基于此，本书讨论了冗余资源对期望落差与企业资产剥离选择之间关系的影响效果。

冗余资源指的是组织拥有的超过所需资源的那部分资源（Cyert and March，1963）。根据冗余资源所处的位置，学界将冗余资源划分为三类：未沉淀冗余、沉淀冗余和潜在冗余。其中，未沉淀冗余存在于企业内部，指的是公司内部的流动性、未承诺的现金和资产等（Love and Nohria，2005）。沉淀冗余与未沉淀冗余类似，也存在于企业内部，主要包括存货、销售费用和管理费用等（Bourgeois and Singh，1983）。因此，这两类冗余资源都能受到管理层的自由裁量。而潜在冗余存在于企业外部，指的是公司筹集外部资金（债务或权益资本）的能力（Bourgeois，1981）。

事实上，冗余资源会通过两种相反的路径影响处于期望落差状态的企业的问题搜索动机和注意力配置情况，进而影响这类企业的资产剥离选择。一方面，当企业绩效达不到预期，即企业处于期望落差状态时，冗余资源能起到一种缓冲的作用，其会在一定程度上降低企业变革的动机与压力（Miller and Leiblein，1996）。另一方面，冗余资源可能会为决策者提供发起变革的正向激励。考虑到丰富的冗余资源能作为一种保障与支持，企业会选择风险更高的行动。也就是说，冗余资源会进一步强化企业决策者探索新机会的动机，如热衷于创新与冒险（Shimizu，2007；Tyler and Caner，2016）。

基于前述研究假设，当企业处于期望落差状态时，企业会积极进行问题搜索，并在决定是否剥离资产时，将注意力更多地集中在资产剥离对改善企业绩效的积极影响上，同时更少地关注资产剥离可能带来的风险，这就导致这类企业更愿意接受资产剥离这一方案，从而推动了企业的资产剥离交易。若这类企业拥有丰富的冗余资源，尽管其面临改善企业绩效的压力，但是充足的冗余资源能在一定程度上起到缓冲作用，从而缓解企业弥补绩效不足的压力。或者说，充足的冗余资源允许处于期望落差状态的企业花费更多的时间恢复绩效，这使企业将注意力转移到寻找改善企业绩效的解决方案上的动机减弱，并且其在评估弥补绩效不足的解决方案时会更谨慎。也就是说，这类企业在决定是否剥离资产时，会将注意力更均衡地配置在资产剥离的积极影响与消极影响上，从而削弱了期望落差对企业资产剥离选择的促进作用。另外，对处于期望落差状态的企业而言，冗余资源也能起到支持和保障的作用，这会增加这类企业进行问题搜索并付诸行动的底气。处于期望落差状态的企业认为，丰富的冗余资源作为一种坚实

的 "后盾"，能够为组织行动提供保障，因此，这类企业更可能将注意力转移到寻找改善企业绩效的解决方案上，并在决定是否剥离资产的过程中，更多地关注资产剥离对改善企业绩效的积极影响而对资产剥离可能带来的风险关注不足，从而推动了更多的资产剥离交易的实施。

考虑到这两种作用的方向相反，其影响程度的相对大小无法预知，这就可能导致差异化的资产剥离选择。若冗余资源在这一过程中更多地发挥了缓冲作用，则冗余资源对期望落差与企业资产剥离选择之间关系起负向调节作用；若冗余资源在这一过程中更多地发挥了保障作用，则冗余资源对期望落差与企业资产剥离选择之间关系起正向调节作用；若冗余资源在这一过程中发挥的缓冲作用与保障作用相当，则可能导致期望落差对企业资产剥离选择的影响不显著。

基于以上分析，本书提出以下假设。

假设 5a：企业冗余资源会负向调节历史期望落差与企业资产剥离选择之间的正相关关系。

假设 5b：企业冗余资源会正向调节历史期望落差与企业资产剥离选择之间的正相关关系。

假设 5c：企业冗余资源对历史期望落差与企业资产剥离选择之间的正相关关系不产生显著影响。

假设 5d：企业冗余资源会负向调节社会期望落差与企业资产剥离选择之间的正相关关系。

假设 5e：企业冗余资源会正向调节社会期望落差与企业资产剥离选择之间的正相关关系。

假设 5f：企业冗余资源对社会期望落差与企业资产剥离选择之间的正相关关系不产生显著影响。

除了冗余资源是企业资源状况的重要衡量指标，企业所处生命周期阶段也会影响企业的资源状况，进而影响期望落差与企业资产剥离选择的关系。基于此，本书进一步考察了成熟期企业面对期望落差时会如何作出资产剥离选择。

根据企业生命周期理论，企业处于不同的生命周期阶段时，其在经营、财务等方面会表现出不同的特征，相应地，企业的资源、能力也大不相同。黄宏斌等（2016）指出，相较成长期企业和衰退期企业，成熟期企业由于组织结构不断完善、经营管理不断成熟、面向的市场也渐趋稳定，因此，呈现出利润水平波动小、现金流充裕等特征。刘诗源等（2020）认为，成熟期企业无论是经营模式还是组织结构都在不断完善，其盈利能力也逐渐稳定，而良好的盈利能力能在一定程度上积累冗余，并形成企业的资源优势。刘文楷等（2017）则直接指出，处于高度成熟期的企业具有明显的内外部资源优势。

但是，需要注意的是，尽管成熟期企业具有一定的资源优势，这类企业所处的市场往往也趋近饱和，所以，这类企业通常面临着更激烈的市场竞争（周晓苏、陈沉，2016），这就导致这类企业面对绩效不足时，会遭遇更严格的内外部审查，其遭受的内外部压力也更大。因此，具有资源优势的成熟期企业会积极进行问题搜索，寻找弥补绩效不足的解决方案。换句话说，尽管资源优势对处于期望落差状态的企业而言，可能起到缓冲作用，也可能起到保障作用，但是对面临巨大的绩效改善压力的成熟期企业而言，资源优势在其进行问题搜索过程中，更多会发挥保障作用。这类企业更可能将注意力转移到寻找改善企业绩效的解决方案上，并且，成熟期企业的资源优势作为一种保障机制加大了企业进行问题搜索的积极性。因此，这类企业在决定是否剥离资产时，会更关注资产剥离对改善企业绩效的积极影响，并在一定程度上减少对资产剥离风险的关注，进而增强了期望落差与这类企业资产剥离选择的正相关关系。

基于以上分析，本书提出以下假设。

假设 6a：处于历史期望落差状态的成熟期企业会实施更多的资产剥离交易。

假设 6b：处于社会期望落差状态的成熟期企业会实施更多的资产剥离交易。

（二）组织经验

根据 Levitt 和 March（1988）的研究，组织会从过去的经验中学习，并据此改变自身行为。Desai（2008）则指出，丰富的运营经验会强化企业的问题搜索倾向。基于此，本书认为，组织经验会对期望落差与企业资产剥离选择之间的关系产生相应的影响。

根据企业行为理论，当企业面临期望落差时，会开始问题搜索，并且，企业的问题搜索往往会围绕问题展开（Cyert and March，1963）。而丰富的组织经验会形成组织惯例（Huber，1991），并相应地塑造这些行动的合法性（Shimizu and Hitt，2005），从而使企业在进行问题搜索过程中优先考虑这些选择。例如，Shimizu（2007）发现，有资产剥离经验的管理者会按照惯例继续剥离资产以应对绩效不佳的情况。

具体而言，企业资产剥离是一种复杂的多过程活动（Brauer et al.，2017），因此，丰富的资产剥离经验能帮助企业更好地识别需要剥离的资产，设置更合理的剥离程序实现资产分离并保证对剩余部门的负面影响最小化。同时，资产剥离经验丰富的企业能通过相应的承诺缓解部门经理及员工的焦虑情绪，充分让每一个相关的个人参与其中，为资产剥离过程提供有价值的信息，并为成功剥离资产付出努力，更能积累与重新配置资产相关的知识，实现资源配置效率的提升。总的来说，资产剥离经验的积累能让企业在后续的资产剥离交易中运用相关的知识指导企业更有效地剥离资产，并增强其对成功剥离资产的信心。此外，丰富的资产剥离经验也加强了这一行动的合法性，进而导致企业管理者对这一行动更有信心。因此，本书认为，随着资产剥离经验的不断积累，由于"熟能生巧"和信心的增加，企业会更多地关注资产剥离可能带来的好处，而对资产剥离风险的担忧减少，从而进一步推动了企业资产剥离交易的实施。

根据前述研究假设，处于期望落差状态的企业，出于弥补绩效不足的考量，会将注意力转移到寻找改善企业绩效的解决方案上，并且这类企业在评估实施资产剥离交易是否可行的过程中，会将注意力更多地配置到资产剥离对绩效改善的积极影响上，而对其伴生的风险关注较少，因此，这类企业往往更愿意剥离资产。而资产剥离经验的积累通过形成企业资产剥离惯例和程序并塑造资产剥离的合法性地位，会进一步增加企业成功剥离资产的信心，这会导致处于期望落差状态的企业在评估是否需要剥离资产的过程中，更关注资产剥离的绩效改善作用，从而实施更多的资产剥离交易。

基于以上分析，本书提出以下研究假设。

假设 7a：企业资产剥离经验会正向调节历史期望落差与企业资产剥离选择之间的正相关关系。

假设 7b：企业资产剥离经验会正向调节社会期望落差与企业资产剥离选择之间的正相关关系。

（三）公司治理特征

Hambrick（1989）指出，组织调整与战略变革在很大程度上取决于企业的战略领导者。其中，CEO 在这一过程中扮演着至关重要的角色（Yu，2014）。但是现有文献中将管理者特征纳入问题搜索模型的仍然较少。仅有一些文献探究了 CEO 权力（Blagoeva et al.，2020）、CEO 与外部董事的股票期权（Lim and McCann，2014）、CEO 名人地位（Cho et al.，2016）以及高管团队特征（Kolev and McNamara，2020b）对问题搜索的影响。

过度自信是最具影响力的一种管理偏见形式（Moore and Healy，2008），其会影响管理者对绩效反馈的理解和认知，并对企业行为产生重要影响。基于此，本书探究了 CEO 过度自信对期望落差与企业资产剥离选择之间关系的影响。

事实上，个体看待世界的方式会受到一系列认知偏见的影响（Kahneman and Tversky，2000）。这些认知偏见中最普遍的一种就是过度自信。通常，过度自信被定义为"个体高估自身能力的一种倾向"（Hill et al.，2012）。并且，人们主要从两个角度理解过度自信（Grinblatt and Keloharju，2009），一是"高于平均水平"的表现，二是"错误校准"效应。具体而言，前者指的是大多数人相信自身的技能、能力和天赋等都优于普通人（Harrison and Shaffer，1994），后者则指的是当人们被问及对未来世界不确定性状态的预测有多大把握时，人们倾向于表现出一种不合理的确定性程度（Bazerman，1986）。本书主要关注第一种类型的过度自信，即过度自信的个体会充分肯定自身能力。

根据现有研究，过度自信会直接影响个人处理和解释信息的方式，进而影响他们随后的决策（Åstebro et al.，2007；Chen et al.，2015）。而 CEO 尽管不是企业决策唯一的制定者和执行者，但不可否认的是，CEO 在制定和执行公司战略决策方面发挥了重要作用（Yu，2014）。例如，CEO 过度自信会显著影响企业的投资决策（Galasso and Simcoe，2011；Hirshleifer et al.，2012）和战略选择（Chen et al.，2015；钟熙等，2018；陈伟宏等，2019）。韵江等（2022）则进一步指出，当企业面对更高的历史经营期望落差与环境不确定性时，CEO 过度自信对战略变革的影响更加显著。Schumacher 等（2020）则提供了 CEO 过度自信对企业响应不同的绩效反馈时存在偏见效应的证据。他们发现，CEO 过度自信与面对消极绩效反馈时增加企业风险的意愿较低相关，与面对积极绩效反馈时降低企业风险的意愿较高相关。

由于过度自信的 CEO 对自身能力有绝对的信心，他们认为自己能够有效、准确地评估企业所处的环境（Bentley et al.，2013），并据以作出准确的战略、经营决策。在这一过程中，他们自信能够完全掌控企业的行动方向，并确信企业会按照他们的预期发展（Chen et al.，2015）。同时，过度自信的CEO往往会高估自己解决问题的能力（Li and Tang，2010），这使他们在实施战略活动过程中更多地关注战略活动的实施可能带来的收益，而对随之而来的风险给予相对更少的关注（Malmendier and Tate，2005）。基于此，当企业处于期望落差状态时，过度自信的CEO对自身掌控环境的能力及解决问题的能力极具信心，会导致这类企业在作出是否剥离资产的决定时，将更多的注意力集中在资产剥离对绩效改善的积极影响方面，进而正向调节期望落差与企业资产剥离选择之间的关系。

基于以上分析，本书提出以下研究假设。

假设8a：CEO过度自信会正向调节历史期望落差与企业资产剥离选择之间的正相关关系。

假设8b：CEO过度自信会正向调节社会期望落差与企业资产剥离选择之间的正相关关系。

（四）破产风险

随着企业行为理论的不断发展，学者们发现，企业不仅会关注期望目标，还会关注另一个参考点——生存目标（Hu et al.，2011）。根据这一观点，当企业生存受到威胁时，企业注意力可能会从改善企业绩效转移到确保企业生存上。并且，Schumacher等（2020）进一步指出，企业的破产距离是导致企业的注意力从满足期望目标转向确保企业生存的一个重要边界条件。基于此，本书进一步考察了破产距离对期望落差与企业资产剥离选择之间关系的影响。

根据企业行为理论，当一家公司的业绩低于期望目标时，高管们就会将低绩效视为一个问题，并将注意力转移到快速转型上（Greve，2003c）。为了使绩效恢复到期望目标水平，企业会积极寻找改善企业绩效的解决方案，并且在评估解决方案可行性的过程中，更可能将有限的注意力集中到解决方案带来的绩效改善的作用效果上，而对解决方案可能伴生的风险关注度较低，因此，这类企业更愿意接受资产剥离这一解决方案，并积极剥离资产。但是，当企业面临破产威胁时，这种情况会发生逆转。面对破产威胁，企业认为当前最紧要的事情不是恢复企业绩效而是确保企业生存，在这种情况下，企业的注意力会更多地集中于"生存目标"，而非期望目标，因此，企业不愿意承担任何组织行动可能带来的不确定性甚至风险，组织会表现出僵化的特征。

事实上，早在 1987 年，March 和 Shapira（1987）就借鉴了威胁刚性理论的观点（Staw et al.，1981），他们认为，面对破产这类严重的威胁时，企业可能会将注意力从追求令人满意的业绩转移到生存目标上，并使搜索强度下降。另一些研究也指出，当业绩过低甚至接近破产时，高管就会将业绩过低视为一种威胁，从而将注意力转移到避免破产上（Audia and Greve，2006；March and Shapira，1992；Miller and Chen，2004）。通常情况下，破产威胁会助长僵化，阻止高管采取冒险行动（Staw et al.，1981；Hu et al.，2011）。现有研究表明，破产可能性更高的公司往往会收紧控制，避免新的活动（D'Aveni，1989），同时更强调降低成本（Starbuck，1992）及降低风险承担（Chen and Miller，2007；March and Shapira，1987）。也就是说，当企业面临的破产威胁更大时，如企业的破产距离更近，这类企业的注意力会从寻找改善企业绩效的解决方案并积极行动以弥补绩效不足转移到避免风险、确保企业生存上。考虑到任何组织行动都可能伴随不确定性甚至风险，因此，这类企业往往不愿意接受资产剥离这一饱含风险的方案。

基于以上分析，本书提出以下研究假设。

假设 9a：破产风险会负向调节历史期望落差与企业资产剥离选择之间的正相关关系。

假设 9b：破产风险会负向调节社会期望落差与企业资产剥离选择之间的正相关关系。

二、外部情境因素

（一）企业经营环境

组织运行的环境决定了组织结构和企业战略（Flynn et al.，2010）。无论是国际扩张（Ref et al.，2021）、企业创新（贺小刚等，2017a）、研发投入（Xu et al.，2019）、战略背离（连燕玲等，2019）还是资产剥离（Powell and Yawson，2005）都会受到企业经营环境的影响。其中，一些学者更是提供了企业所处的经营环境会对绩效反馈与组织响应之间关系产生显著影响的证据（贺小刚等，2017a；Xu et al.，2019；Ref et al.，2021）。

考虑到行业竞争程度、环境丰腴度及环境动荡性均为企业所处经营环境的重要维度，本书分别考察了经营环境的这三个维度对期望落差与企业资产剥离选择之间关系的影响。

根据 Hunt（2010）的观点，行业竞争会影响企业的战略决策。通常情况下，高度竞争的行业会表现出较低的产业集中度，这就影响了行业内所有企业的发展空间及生存机会。出于企业发展方面的考虑，这些企业必须以更低的成本运营，或者通过其他方法使自己在众多企业中脱颖而出（Porter，1980）。事实上，处于竞争激烈行业的企业往往会面临高压状态（Baucus，1994），这就要求这类企业必须重视并积极实施组织变革，以应对这种紧张的竞争状态（Biedenbach and Söderholm，2008），保证其竞争地位。连燕玲等（2019）发现，处于竞争程度更大的行业中的企业高管冒险变革的动机会增强。另一些研究则指出，面对期望落差时，处于竞争更激烈的行业中的企业会感知到更强的竞争威胁，并在决策时经历更高水平的压力（Iriyama et al.，2016；Kilduff et al.，2016）。有学者指出，由于激烈的行业竞争会导致企业高管面临更高的清算威胁，出于职业生涯发展及声誉保护等考虑，管理者冒险变革的动机会随之增强。连燕玲等（2019）发现，行业竞争程度会正向调节行业竞争期望落差与组织战略背离之间的正相关关系。

总的来说，激烈的行业竞争环境会通过挤压企业的生存空间、加强企业对竞争威胁的感知及企业管理者的职业发展忧虑，增加企业的变革压力，从而导致这类企业实施更多的组织变革以谋求企业发展，维持企业的竞争地位。根据前面的分析，当企业处于期望落差状态时，企业的注意力会转移到寻找改善企业绩效的解决方案上，并且，在对解决方案进行评估时，这类企业的注意力更多集中于解决方案对改善企业绩效的积极影响，而对相应的风险关注较少，因此，这类企业往往更愿意接受并实施资产剥离交易。当这类企业面对激烈的行业竞争环境时，一方面，激烈的竞争环境使管理者对企业绩效更加敏感（Cornett et al.，2008）；另一方面，竞争也使这类企业面临的变革压力更大。因此，为了弥补绩效不足、并在激烈的行业竞争中获得有利的竞争地位，这类企业进行问题搜索的动机会进一步增强，其在作出是否剥离资产的决定时，会更关注资产剥离对改善企业绩效发挥的积极作用，同时更少地关注资产剥离可能的风险，进而导致这类企业实施的资产剥离交易更多。

基于以上分析，本书提出以下研究假设。

假设 10a：行业竞争程度会正向调节历史期望落差与企业资产剥离选择之间的正相关关系。

假设 10b：行业竞争程度会正向调节社会期望落差与企业资产剥离选择之间的正相关关系。

除了行业竞争程度会影响期望落差与企业资产剥离选择之间的关系，环境丰腴度也会对这一过程产生影响。环境丰腴度通常指的是外部环境为组织的可持续发展提供支持的一种能力（Keats and Hitt，1988）。一般来说，环境丰腴度越高，意味着外部市场能为企业发展提供更多的机会和资源，从而增加了企业管理者的环境自由度（Staw and Szwajkowski，1975）。一方面，当组织发展面临困境时，与企业内的冗余资源类似，环境丰腴度越高，更丰富的外部机会与资源能为企业提供一种缓冲机制（Dess and Beard，1984），这在一定程度上能缓解企业进行问题搜索以弥补绩效不足的压力，进而导致其问题搜索动机减弱。另一方面，丰腴的市场环境能为企业提供更多的外部资源，从而为企业实施探索性搜索提供支撑。并且，在丰腴的市场环境下，企业可以考虑更多的替代性战略选择，也能更好地兼顾多样性的发展目标，以应对组织问题（Bourgeois，1981）。同时，较高的环境丰腴度能让企业管理层拥有更高的环境自主权，进而增强企业管理层应对问题的能力（Hambrick and Finkelstein，1987）。连燕玲等（2015）发现，丰腴的市场环境正向调节了期望落差与战略变革之间的正相关关系。按照这一逻辑，丰腴的市场环境作为一种坚实的"后盾"，为企业的问题搜索提供了底气，进而强化了期望落差企业的行动动机。

本书认为，一方面，丰腴的市场环境作为一种缓冲机制，会导致处于期望落差状态的企业的问题搜索动机减弱，并且在更丰腴的市场环境下，企业在决定是否剥离资产时，会更均衡地关注资产剥离的积极影响与消极影响，从而负向调节了期望落差与企业资产剥离选择的关系。另一方面，丰腴的市场环境也可能为企业的问题搜索提供更充足的底气，导致处于期望落差状态的企业更积极地进行问题搜索，并在决定是否剥离资产时，将注意力更多地集中到资产剥离对绩效改善的积极影响上，进而推动了更多的资产剥离交易实施。因此，环境丰腴度最终会如何影响期望落差与企业资产剥离选择的关系，取决于这两种影响的相对大小。

基于以上分析，本书提出以下研究假设。

假设 11a：环境丰腴度会负向调节历史期望落差与企业资产剥离选择之间的正相关关系。

假设 11b：环境丰腴度会正向调节历史期望落差与企业资产剥离选择之间的正相关关系。

假设 11c：环境丰腴度对历史期望落差与企业资产剥离选择之间关系不产生显著的调节作用。

假设 11d：环境丰腴度会负向调节社会期望落差与企业资产剥离选择之间的正相关关系。

假设 11e：环境丰腴度会正向调节社会期望落差与企业资产剥离选择之间的正相关关系。

假设 11f：环境丰腴度对社会期望落差与企业资产剥离选择之间关系不产生显著的调节作用。

此外，本书考察了环境动荡性对期望落差与企业资产剥离选择之间关系的影响效果。环境是企业赖以生存的土壤。而环境动荡性作为企业所处经营环境的重要维度，显然会对企业的战略选择产生重要影响（Duncan，1972）。其中，Zhang 和 Rajagopalan（2010）指出，为了适应外部环境变化，企业会主动实施战略变革。傅皓天等（2018）也提供了环境动荡性会显著正向影响公司的战略变革的证据。另一些研究则表明，动荡的环境下企业会更积极地创新（Zahra and Neubaum，1998）。朱丽娜等（2017）进一步指出，环境不确定性会正向调节财务困境和期望落差状态与企业研发之间的关系。

事实上，环境动荡性的增加意味着企业所处的市场格局变数增多，不确定性增强，企业预测和掌控外部环境的能力会随之下降，这就导致企业的市场地位可能会受到影响。为了应对环境动荡导致的不确定性，一方面，企业可能会积极行动以掌握主动权，实现与环境的最优匹配，进而维持或创造新的竞争优势。也就是说，在这种情况下，环境动荡性的增加会导致企业的注意力更多地从组织行动的风险转移到组织行动的收益上，进而推动组织行动。另一方面，根据实物期权理论，不确定性越高，等待的价值越高。面对动荡的外部环境，延迟决策往往是最优的选择。在这种情况下，企业不仅不会积极行动，反而会更谨慎地作出选择，表现出僵化的特征。换句话说，面对动荡的环境，企业可能会更多地关注组织行动带来的风险，对相应的收益关注度反而不高，因此，企业往往不愿意采取行动。

根据前面的分析，面对期望落差时，企业会将注意力转移到寻找弥补绩效不足的解决方案上，积极进行问题搜索，并重新配置注意力，导致其实施的资产剥离交易增加。若这类企业同时处于动荡的环境中，则意味着无论是内部处境还是外部处境都处于不佳的状态，因此，这类企业更可能根据"不破不立"的原则，积极进行问题搜索并付诸行动。也就是说，同时面临期望落差与高度动荡的外部环境的企业，有更大的动机将注意力转移到寻找改善企业绩效的解决方案上，并在评估解决方案的可行性过程中，更关注解决方案对改善企业绩效产生的积极影响而对其风险的关注程度较低，因此，这类企业更可能接受并实施资产剥离交易。另外，当企业同时面对期望落差与动荡的外部环境时，其更可能选择"等待"而非积极行动。由于动荡的外部环境让处于期望落差状态的企业对组织行动可能带来的风险更敏感，这类企业往往更不愿意接受并实施资产剥离这一饱含风险的方案。具体而言，环境动荡性最终会如何影响期望落差与企业资产剥离选择之间的关系，取决于这两种影响之间的博弈。

基于以上分析，本书提出以下研究假设。

假设 12a：环境动荡性会正向调节历史期望落差与企业资产剥离选择之间的正相关关系。

假设 12b：环境动荡性会负向调节历史期望落差与企业资产剥离选择之间的正相关关系。

假设 12c：环境动荡性对历史期望落差与企业资产剥离选择之间的正相关关系不产生显著影响。

假设 12d：环境动荡性会正向调节社会期望落差与企业资产剥离选择之间的正相关关系。

假设 12e：环境动荡性会负向调节社会期望落差与企业资产剥离选择之间的正相关关系。

假设 12f：环境动荡性对社会期望落差与企业资产剥离选择之间的正相关关系不产生显著影响。

（二）区域风险文化

现有研究指出，在不同的文化背景下，绩效反馈与组织响应之间的关系会存在差异（O'Brien and David，2014；Lewellyn and Bao，2015）。O'Brien

和 David（2014）发现，在日本这类重视集体主义文化的国家里，绩效反馈往往会受到社会文化中互惠性的影响。当绩效水平超过期望目标时，出于"互惠性"的考虑，组织通常会继续增加研发投入，以促进组织增长，进而惠及先前给予自身帮助的利益相关方。这一结果表明，文化环境会对企业行为产生相应的影响。值得注意的是，现有研究在考察文化环境对绩效反馈与组织响应之间关系的影响时更多进行的是国别比较。

我国作为一个地域辽阔、历史悠久的国家，不同区域在漫长的发展过程中形成了自己独特的文化。因此，区域文化作为一种非正式制度，可能会对坐落于区域内的企业的行为产生重要影响。一般来说，区域文化会对企业管理者的认知与偏好产生影响，并进一步影响企业管理者的决策与行为（Guiso et al.，2015；Aggarwal et al.，2016；谢露等，2021）。而风险文化作为一种典型的区域文化符号，集中反映了当地的风险偏好（赵奇锋等，2018；谢露等，2021）。因此，本书考察了风险文化对期望落差与企业资产剥离选择之间关系的影响效果。

现有研究表明，风险文化作为一种地域性较为鲜明的文化，对当地居民和企业的风险偏好会产生积极的影响（赵奇锋等，2018）。例如，位于风险文化氛围更浓厚地区的企业更愿意投资风险高的创新项目（Adhikari and Agrawal，2016），并且这类企业的并购活动也更频繁（Doukas and Zhang，2013）；留存的现金也相对更少（Hu et al.，2019）。Ji 等（2021）指出，受风险文化的影响，企业管理者对于不利的经营局面会持乐观态度，他们预计这些不利的局面能得到逆转，因此，这些管理者往往会加大对不良信息的隐匿，最终加剧了股价崩盘风险。此外，谢露等（2021）也发现，受风险文化影响明显的企业面对收入下降时，会更加乐观地预计业绩回升的前景，并导致了其费用粘性水平更高。

本书认为，风险文化会通过影响企业管理者的风险偏好和注意力配置情况影响企业的资产剥离选择。具体来说，浓郁的风险文化氛围会影响企业管理者的风险偏好及对未来业绩的态度，这类企业往往更愿意承担风险并乐观地预计组织行动的结果。因此，当处于风险文化氛围更浓厚地区的企业出现期望落差，积极寻找改善企业绩效的解决方案并评估解决方案可行性时，这类企业的管理者对组织行动的效果有更乐观的预期，并且对风险的敏感度更低，这就使这类企业会将更多的注意力配置到资产剥离对改善企业绩效发挥的积极作用上，进而产生了更多的资产剥离交易。也就是说，当地的风险文化塑造了企业管理者的乐观态度和冒险精神，导致其对资产剥离可能的结果有更乐观的预期，并且对资产剥离伴随的风险在意程度更小，因此导致了这类企业会实施更多的资产剥离交易。

根据以上分析，本书提出以下研究假设。

假设 13a：当地的风险文化会正向调节历史期望落差与企业资产剥离选择之间的正相关关系。

假设 13b：当地的风险文化会正向调节社会期望落差与企业资产剥离选择之间的正相关关系。

（三）中介市场发展

中介机构的发展为市场经济的正常运转提供了重要支持（陈艳莹、夏一平，2011）。具体而言，中介机构通过为市场交易主体提供信息咨询并规范市场秩序，能在一定程度上降低交易过程的风险，增强交易主体的信心，推动交易活动的顺利开展。通常情况下，中介机构具备与各类交易相关的丰富经验及专业知识（法律或会计相关的知识），这使其能充分利用相关知识指导企业实践。通过为企业提供专业且有价值的意见，中介机构能在一定程度上保证企业交易的合法性，并帮助企业更有效地应对交易过程可能遇到的难题，进而有效推动交易开展。同时，蓬勃发展的中介市场能发挥规范市场秩序的作用，通过降低市场信息的不对称程度，并发挥相应的监督功能，推动市场交易顺利推进。基于此，本书考察了中介市场发展对期望落差与企业资产剥离选择之间关系的影响。

现有研究表明，相当一部分公司进行重组活动（如收购或资产剥离）时，会聘请财务顾问以促进交易的完成（Golubov et al.，2012；Krishnan and Masulis，2013；Song et al.，2013）。企业面临期望落差时，会触发问题搜索过程，并改变企业行为以弥补绩效不足（Cyert and March，1963），而这一过程往往涉及行动结果的不确定性。在这种情况下，蓬勃发展的中介市场能为企业行动提供专业的建议和帮助，进而提高企业行动成功的概率；同时，中介机构的完善与发展也催生了更规范化的市场秩序，为企业行动提供了更稳定有序的外部环境，并进一步增加了企业行动的信心。例如，实施资产剥离过程中，中介机构能为企业提供诸多专业建议。通常情况下，中介机构拥有丰富的与资产剥离交易相关的经验。因此，当焦点企业决定剥离资产时，中介机构能在标的资产选择和剥离时机确定等方面给出专业意见；并且，在资产交易过程中，中介机构能利用专业知识和相关经验协助焦点企业对剥离资产进行更合理的估值，同时，中介机构能运用自身的信息优势帮助焦点企业更快找到合适的买家，确定有利的交易方式等；在资产分离过程中，中介机构也能利用相关经验指导焦点企业更有效地分离资产，避免企业动荡。最后，在资产再配置过程中，中介机构能对企业资产的重新配置给出相应的建议。此外，中介机构能在一定程度上确保焦点企业在交易过程中及时履行相应的法律义务以保证交易的合法性（Brauer et al., 2017）。也就是说，中介机构的参与有助于提升企业资产剥离效率，这可能会大大增加企业的资产剥离意愿。

因此，当企业所处区域的中介市场发育程度更高时，企业在进行市场交易的过程中，获取中介机构帮助或专业建议的成本更低，也更容易。并且，蓬勃发展的中介市场也在一定程度上规范了当地的市场秩序，为企业交易创造了良好的交易环境，增强了当地企业顺利开展交易的信心。这种情况下，处于期望落差状态的企业在评估资产剥离是否可行时，其注意力会更大程度地集中于资产剥离对改善企业绩效发挥的积极影响上，从而推动了资产剥离交易的实施。

基于以上分析，本书提出以下研究假设。

假设 14a：中介市场的发达程度会正向调节历史期望落差与企业资产剥离选择之间的正相关关系。

假设 14b：中介市场的发达程度会正向调节社会期望落差与企业资产剥离选择之间的正相关关系。

（四）政策不确定性

与西方国家不同，中国的财政分权体制和官员晋升机制使地方政府在地区经济发展过程中扮演着重要角色（周黎安，2007）。一方面，地方政府掌握了大量行政资源的分配权，在很大程度上会左右资源的分配情况，另一方面，地方政府在制定地区政策过程中，拥有一定程度的自主权，这会对政策的制定和执行产生重要影响，并进一步影响其辖区内企业的经营决策（徐业坤等，2013；陈德球、陈运森，2018）。现有研究表明，地方政府对企业金融化（周梓洵等，2021）、技术创新（杜博士、吕健，2022）等都会产生显著影响。既然地方政府对企业发展会产生重要影响，那么，当地方政府决策者发生变更，原有的政策连贯性和稳定性被打破，巨大的政策不确定性产生，企业会如何应对？基于此，本书考察了地方政府决策者变更导致的政策不确定性加大对期望落差与企业资产剥离选择之间关系的影响。

当地方政府决策者发生变更时，政策连贯性及稳定性会受到冲击，这就导致了更大的政策不确定性（陈德球、陈运森，2018）。在这种情况下，当地企业面临的政策风险会随之增加（罗党论等，2016），这会进一步影响企业行为。刘志远等（2017）指出，经济政策不确定性会对企业的风险承担产生积极的影响。万赫等（2021）也发现，经济政策不确定性会积极推动企业的战略变革。王晓燕（2021）则进一步提供了经济政策不确定性正向调节了行业期望落差与企业创新之间关系的证据。但贺小刚等（2020）指出，政策不确定性的提高会导致处于期望落差状态的企业的长期债务融资减少。

本书认为，政策不确定性会通过两个不同的方向影响期望落差与企业资产剥离选择的关系。一方面，尽管政策不确定性的增加导致企业面临的经营环境更严峻（罗党论等，2016），但是"危机中蕴藏着转机"，高度不确定的经济政策往往也蕴藏了潜在的发展机会（刘志远等，2017）。并且，根据战略变革的适应观，面对高度不确定的经济政策环境，若企业不能及时调整战略决策，可能会导致其与外部环境的匹配度进一步下降。因此，适当、适时地调整企业战略决策有利于面临更大的政策不确定性的企业抓住新的机遇。也就是说，为了应对政策不确定性风险，当地企业会积极行动，寻找出路。另一方面，根据实物期权理论，面对不确定性，"等待"是最有价值的选择。因此，在这种情况下，企业可能会延迟决策，不愿意作出改变。

结合前述研究假设，本书认为，处于期望落差状态的企业面对更大的政策不确定性时，一方面，这类企业可能坚信高度不确定的政策环境中存在新的发展机会，适当的战略调整能实现与环境的最优匹配，因此，其在搜索并评估解决方案的过程中，对风险的感知会有所下降，它们会更大程度地将注意力配置到资产剥离对改善企业绩效产生的积极影响上，从而推动了相应的资产剥离交易实施。另一方面，面对更大的政策不确定性，处于期望落差状态的企业可能更愿意相信"等待"才是最好的选择，此时，这类企业对组织行动可能带来的风险高度敏感，因此，这类企业往往更不愿意接受资产剥离这一饱含风险的解决方案。具体而言，经济政策不确定性最终会如何影响期望落差与企业资产剥离选择之间的关系，取决于这两种影响的相对强度。

基于以上分析，本书提出以下研究假设。

假设15a：政策不确定性会正向调节历史期望落差与企业资产剥离选择之间的正相关关系。

假设15b：政策不确定性会负向调节历史期望落差与企业资产剥离选择之间的正相关关系。

假设15c：政策不确定性对历史期望落差与企业资产剥离选择之间的关系不产生显著影响。

假设15d：政策不确定性会正向调节社会期望落差与企业资产剥离选择之间的正相关关系。

假设15e：政策不确定性会负向调节社会期望落差与企业资产剥离选择之间的正相关关系。

假设15f：政策不确定性对社会期望落差与企业资产剥离选择之间的关系不产生显著影响。

本章的主要内容包括样本选择、变量定义与模型构建。首先，本章对样本选择过程与样本筛选标准进行了说明。其次，详细阐述了本书涉及的各个变量的度量方式，包括被解释变量、解释变量、调节变量和控制变量。最后，构建了回归所需的计量模型。

第一节　样本选择与数据处理

一、样本选择

本书的研究主题是期望落差会如何影响企业的资产剥离选择。基于此，本书选取了 2004~2019 年中国 A 股上市公司作为研究样本，并且，为了缓解可能存在的内生性问题，本书对解释变量和控制变量进行滞后一阶处理，因此，本书的解释变量和控制变量为 2003~2018 年的数据。之所以选取这一样本区间，主要是基于以下两方面的考虑：① 2004 年后我国上市公司的各项财务数据较完整；②企业资产剥离交易会受到外部经济环境的影响，而 2020 年伊始，新冠疫情席卷全球，显然，这会严重影响企业的资产剥离选择。为了保证研究数据的可得性以及研究结论的稳健性，本书的样本区间确定为 2004~2019 年。

二、数据处理与数据来源

出于对数据获取、数据质量的考量，本书按照以下标准对原始数据进行了筛选与处理：①剔除 ST、*ST 及退市的上市公司，②剔除金融业上市公司，③剔除资产负债率大于1的样本，④剔除存在异常值的样本，⑤剔除数据缺失的样本。经过以上筛选，本书最终得到一个包含3365家上市公司28288个观测值的样本数据集。本书的数据来源主要有以下几种：第一，研究涉及的财务数据、公司特征数据均来自WIND资讯数据库、CSMAR数据库及CCER数据库；第二，关于地级市决策者更替的数据由笔者手工搜集整理；第三，风险资产投资数据源自财政部官网，常住人口数据则源自《中国统计年鉴》。为了缓解极端值对研究结果可能产生的影响，本书在处理数据时对研究涉及的所有连续变量进行了1%和99%的双向缩尾处理。此外，本书使用的统计分析软件为STATA15.0。

第二节　变量定义与测度

根据第三章的研究内容及研究假设，本书涉及的变量主要有以下四个部分。①被解释变量，即企业的资产剥离选择，主要考察企业当年的资产剥离交易情况，即是否实施过资产剥离交易以及资产剥离交易强度。②解释变量，即历史期望落差与社会期望落差。其中，期望落差是基于实际绩效与历史期望目标或社会期望目标的负向差距的大小衡量的。同时，本书控制了历史期望顺差与社会期望顺差对回归结果可能产生的影响。③调节变量：本书主要考察了期望落差一致性、期望落差不一致及期望落差持续性这几种期望落差特征，组织资源（冗余资源、企业生命周期阶段）、组织经验、公司治理特征（CEO过度自信）、破产风险等内部情境因素，及企业经营环境（行业竞争程度、环境丰腴度、环境动荡性）、区域风险文化、中介市场发展、政策不确定性等外部情境因素的影响。④控制变量：本书主要考察了期望顺差、企业规模、资产负债率、经营性现金流、企业年龄、股权集中度、产权性质、企业并购、多元化经营、独立董事比例、两职合一及CEO变更等变量的影响。表4-1报告了变量定义的具体情况。

表4-1　变量定义与测度

变量类别	变量名称	变量定义	测度方法
被解释变量	*divest*	资产剥离决策	若当年成功实施资产剥离交易，取值为1；否则，取值为0
	divest_power	资产剥离强度	资产剥离交易额 / 总资产

续表

变量类别	变量名称	变量定义	测度方法
解释变量	*HAG*	历史期望落差	历史期望绩效差距为负时取绝对值；历史期望绩效差距为正时，赋值为 0
	IAG	社会期望落差	社会期望绩效差距为负时取绝对值；社会期望绩效差距为正时，赋值为 0
调节变量	*HAG_persistence*	历史期望落差持续性	前三年的历史期望落差的均值
	IAG_persistence	社会期望落差持续性	前三年的社会期望落差的均值
	slack	冗余资源	将沉淀冗余、未沉淀冗余及潜在冗余标准化后相加取平均值
	mature	成熟期企业	若企业为成熟期企业，取值为 1；否则，取值为 0（具体情况见定义）
	experience	资产剥离经验	ln（前三年的资产剥离次数 +1）
	overconfidence	CEO 过度自信	若 CEO 过度自信，取值为 1；否则，取值为 0（具体情况见定义）
	z_index	破产风险	若 Z 指数小于 1.81，取值为 1；否则，取值为 0（具体情况见定义）
	hhi	行业竞争程度	企业营业收入的行业占比平方和
	er	环境丰腴度	企业过去 5 年的平均销售收入增长率
	eu	环境动荡性	企业过去 5 年经行业中位数调整后的销售收入的变异系数
	r_culture	区域风险文化	ln（风险资产投资额 / 常住人口）
	intermediary	中介市场发展	樊刚指数的分项指数 "中介市场发育程度得分"
	uncertainty	政策不确定性	若企业注册地所在城市的决策者发生变更，取值为 1；否则，取值为 0
控制变量	*HAG_pos*	历史期望顺差	历史期望绩效差距为正时取值不变；历史期望绩效差距为负时，赋值为 0
	IAG_pos	社会期望顺差	社会期望绩效差距为正时取值不变；社会期望绩效差距为负时，赋值为 0
	size	企业规模	ln（总资产）
	lev	资产负债率	总负债 / 总资产
	ocf	经营性现金流	经营活动的现金流 / 总资产
	lnage	企业年龄	ln（1+ 上市时长）

变量类别	变量名称	变量定义	测度方法
控制变量	*top1*	股权集中度	第一大股东持股比例
	soe	产权性质	若企业为国有企业，取值为 1；否则，取值为 0
	ma_dummy	企业并购	若当年成功实施过并购交易时，取值为 1；否则，取值为 0
	diversification	多元化经营	若企业主营业务数大于 1，取值为 1；否则，取值为 0
	i_director	独立董事比例	独立董事人数 / 董事会总人数
	duality	两职合一	若 CEO 兼任董事长，取值为 1；否则，取值为 0
	ceo_change	CEO 变更	若当年发生 CEO 变更，取值为 1；否则，取值为 0

资料来源：笔者整理。

一、被解释变量

本书的被解释变量为企业的资产剥离选择（*divest/divest_power*）。现有研究中，衡量企业的资产剥离状况主要是通过设置虚拟变量来实现的，即企业当年成功实施了资产剥离交易时，取值为 1，否则，取值为 0（Kolev，2016；Feldman et al.，2016）。此外，另一些研究关注了当年的资产剥离交易额或者资产剥离交易次数，以衡量企业当年的资产剥离情况（Sanders，2001；Kuusela et al.，2017；郭伟等，2020；Bettinazzi and Feldman，2021；Chiu and Sabz，2022）。本书参考 Feldman 等（2016）的研究，通过设置虚拟变量衡量企业的资产剥离情况（*divest*），若企业当年至少成功实施过一次资产剥离交易，则该变量取值为 1；否则，取值为 0。此外，本书考察了企业资产剥离强度这一变量，根据 Chiu 和 Sabz（2022）的研究，将资产剥离强度定义为资产剥离交易额与企业总资产的比值。需要指出的是，本书关注的资产剥离交易为狭义的资产剥离交易，即企业的资产出售行为。在筛选资产剥离样本时，本书主要按照以下标准进行：①仅关注交易地位为卖方的企业，②剔除交易不成功、重大资产重组及关联性资产剥离交易，③剔除由于政府回购土地等原因导致的资产剥离交易，④将同一天内出售给同一对手方的资产剥离交易额合并，⑤剔除资产剥离交易额不足

500 万元的资产剥离交易。

二、解释变量

本书的主要解释变量为企业的历史期望落差与社会期望落差（*HAG/ IAG*）。在确定企业当年是否处于期望落差状态前，需要先确定历史期望目标与社会期望目标。对于企业的管理层而言，总资产收益率（ROA）、净资产收益率（ROE）及销售利润率（ROS）都是衡量企业绩效的相关指标。参考 Greve（2003a）及 Miller 和 Chen（2004）的研究，本书采用总资产收益率（ROA）衡量企业绩效水平。

根据企业行为理论，管理者主要是以历史期望目标与社会期望目标为参考点，评估企业当前的绩效状况。其中，历史期望目标是根据企业前期的绩效水平衡量得出的，而社会期望目标是根据"可比"企业的绩效水平衡量得出的，如同行业企业的绩效水平（Cyert and March，1963）。本书参考 Chen（2008）的做法，根据式（4–1）计算企业的历史期望目标，即企业在 t 期的历史期望目标是由 t–1 期的实际绩效水平与 t–1 期的历史期望目标共同决定的。并且，第一期的历史期望目标以第一期的实际绩效替代。

$$HA_{i,t} = \alpha P_{i,t-1} + (1-\alpha)HA_{i,t-1} \qquad (4\text{-}1)$$

需要指出的是，参考 Yin（1981）的做法，本书主要报告了式（4–1）中 α=0.6 时的回归结果。在稳健性检验中，本书进一步将 α 赋值为 0.7 及 0.5，检验回归结果的稳健性。在此基础上，根据式（4–2）判断企业是否处于历史期望落差状态，即企业 t 期的实际绩效与 t 期的历史期望目标的差值是否小于 0。若 *HAG* 小于 0，则企业处于历史期望落差状态；若 *HAG* 大于 0，则企业处于历史期望顺差状态。为了更直观地考察历史期望落差与企业资产剥离选择的关系，本书参考 Chen（2008）及宋铁波等（2019）的做法，当 *HAG* 大于 0 时，将其赋值为 0；当 *HAG* 小于 0 时，将其赋值为相应的绝对值。

$$HAG_{i,t} = P_{i,t} - HA_{i,t} \qquad (4\text{-}2)$$

对社会期望目标的衡量则是参考 Glaser 和 Strauss（1967）的做法，以企业所处行业其他企业的绩效水平的均值加以衡量，即企业在 t 期的社会期望目标为企业所处行业其他所有企业 t 期的实际绩效的均值。具体定义如式（4–3）所示。

$$IA_{i,t} = (\sum_{i \neq j} P_{j,t}) / (N-1) \qquad (4-3)$$

参照式（4-2）中历史期望绩效差距的定义方法，根据式（4-4）计算企业的社会期望绩效差距。若式（4-4）中 IAG 小于 0，则企业处于社会期望落差状态；若 IAG 大于 0，则企业处于社会期望顺差状态。与历史期望落差的处理方法类似，当 IAG 大于 0 时，将其赋值为 0；当 IAG 小于 0 时，将其赋值为相应的绝对值。

$$IAG_{i,t} = P_{i,t} - IA_{i,t} \qquad (4-4)$$

三、调节变量

本书考察了期望落差特征对处于期望落差状态的企业的资产剥离选择的影响。具体而言，本书关注了期望落差一致性、期望落差不一致与期望落差持续性对这一过程的影响。其中，期望落差一致性与期望落差不一致是考察历史期望落差与社会期望落差、历史期望落差与社会期望顺差、历史期望顺差与社会期望落差的交乘项对企业资产剥离选择的影响，相关的变量定义在其他部分已经给出，这里不再赘述，因此，这里仅详细说明期望落差持续性的衡量方法。期望落差持续性（$HAG\_persistence$/$IAG\_persistence$）的测度方法如下：参考李溪等（2018）的研究，本书使用前三年的历史期望落差的均值衡量企业历史期望落差的持续性；使用前三年的社会期望落差的均值衡量企业社会期望落差的持续性。

此外，根据企业行为理论，绩效反馈会影响企业的战略选择，并且不同的边界条件会对这一过程产生重要影响（Cyert and March，1963）。具体而言，本书考察了组织资源、组织经验、公司治理特征与破产风险这几类内部情境因素，及企业经营环境、区域风险文化、中介市场发展与政策不确定性这几类外部情境因素对这一过程的影响。

（一）组织资源（*slack/mature*）

根据前述研究假设，为考察组织资源状况对期望落差与企业资产剥离选择之间关系的影响，本书分别考察了冗余资源（*slack*）与成熟期企业（*mature*）对这一过程的影响。其中，在冗余资源方面，本书参考宋铁波等（2017）的做法，将未沉淀冗余、沉淀冗余及潜在冗余标准化后相加取平均值，衡量企业整体的冗余资源状况，再检验企业整体的冗余资源状况对期望落差与企业资产剥离选择之间关系的影响。考虑到未沉淀冗余、沉淀冗余与潜在冗余存在异质性，本书进一步分别检验了这三类冗余资源对期望落差与企业资产剥离选择之间关系的调节作用。具体而言，根据宋铁波等（2017）的研究，这三类冗余资源的定义如下：以流动资产与流动负债的比值衡量未沉淀冗余（*slack_wcd*），以销售费用与管理费用之和与营业收入的比值衡量沉淀冗余（*slack_cd*），以所有者权益总额与负债总额的比值衡量潜在冗余（*slack_qz*）。

在成熟期企业方面，参考 Dickinson（2011）的做法，本书根据企业经营、投资、筹资活动的现金流的符号对企业所处的生命周期阶段进行划分。具体而言，Dickinson（2011）将企业生命周期划分为初创期、成长期、成熟期、动荡期和衰退期[①]。为了便于研究，学者们通常将初创期和成长期合并为成长期，将成熟期和动荡期合并为成熟期（谢佩洪、汪春霞，2017）。根据这一定义方法，本书设置了成熟期企业的虚拟变量（*mature*）。根据现金流符号划分生命周期阶段的标准，若企业处于成熟期，则变量成熟期企业赋值为 1；否则，赋值为 0。

（二）组织经验（*experience*）

参考 Humphery-Jenner 等（2019）的做法，本书以企业前三年完成与未完成的资产剥离交易次数加 1 取自然对数，测度企业的资产剥离经验。之所以选择资产剥离交易次数而不是交易额衡量企业的资产剥离经验，是因为企业主要是通过反复行动增加组织经验；而综合考虑完成与未完成的资产剥离交易情况是因为不管是完成还是未完成的交易，企业都可能从中学习，我们无法否认未完成的交易在组织学习过程中发挥的作用（Humphery-Jenner et al.，2019）。

（三）公司治理特征（*overconfidence*）

根据前述研究假设，本书主要考察了 CEO 过度自信对期望落差与企业资产剥离选择之间关系的影响。具体而言，本书参考 Ahmed 和 Duellman（2013）的做法，通过对企业的投资决策情况进行分析，判断 CEO 过度自

---

① 鉴于图表数量限制，不再以表格列出企业生命周期划分标准，笔者备索，下同。

信的情况。当 CEO 存在过度自信时，变量 *overconfidence* 取值为 1；否则，取值为 0。

通过计算式（4-5）的残差，将其与行业中位数残差值相减，再进一步将差值与 0 进行比较，判断 CEO 的过度自信情况。若差值大于 0，则 CEO 过度自信；否则，CEO 不存在过度自信。

$$Assetgrowth_{i,t} = \beta_0 + \beta_1 Salesgrowth_{i,t} + \varepsilon_{i,t} \qquad （4-5）$$

式中：$Assetgrowth_{i,t}$ 为企业 i 于第 t 年的总资产增长率；$Salesgrowth_{i,t}$ 为企业 i 于第 t 年的销售收入增长率；β_0 为常数项；β_1 为回归系数。

（四）破产风险（*z_index*）

参考 Miller 和 Chen（2004）的做法，本书计算了 Z 指数衡量企业的破产风险。其中，Z 指数越大，企业破产的可能性越低（Chen and Miller，2007）。具体而言，Z 指数的定义方法如下：Z=1.2×[（流动资产 – 流动负债）/ 总资产]+1.4×（未分配利润 / 总资产）+3.3×（息税前利润 / 总资产）+0.6×（净资产市场价值 / 总负债）+1.0×（营业收入 / 总资产）。根据 Altman（1983）的研究，当 Z 指数小于 1.81 时，企业的破产距离很小，企业面临较为严重的破产风险；当 Z 指数位于 1.81~2.99 这一区间时，企业处于破产风险不确定状态；当 Z 指数大于 2.99 时，企业财务状况处于健康状态。因此，本书通过判断 Z 指数所处的范围构造虚拟变量以衡量企业的破产风险。借鉴贺小刚等（2020）的做法，将 Z 指数小于 1.81 的观测值赋值为 1，视为具有较大破产风险的企业；将 Z 指数超过 1.81 的观测值赋值为 0，视为破产风险较小的企业。

（五）企业经营环境（*hhi/er/eu*）

根据前述研究假设，本书主要关注经营环境中的行业竞争程度、环境丰腴度及环境动荡性这三个维度对期望落差与企业资产剥离选择之间关系的影响。其中，对行业竞争程度的度量，本书参考 Haveman 等（2017）和 Jia 等（2018）的做法，根据企业的市场份额占比构建赫芬达尔指数，衡量企业所处行业的竞争程度（*hhi*），即企业营业收入的行业占比平方和。需要注意的是，变量 *hhi* 是一个反向指标，当 *hhi* 越大，表明企业所处行业的竞争程度越低；反之，企业所处行业的竞争程度越高。

对环境丰腴度的度量，参考连燕玲等（2015）的做法，以企业过去 5

年的平均销售收入增长率衡量环境丰腴度（*er*）。变量 *er* 越大，表明环境丰腴度越高；反之，表明环境丰腴度越低。

在环境动荡性方面，现有研究指出，环境动荡性以外部环境的变动为根源，进一步传导到企业的销售收入波动上（Bergh and Lawless, 1998）。因此，本书参考申慧慧等（2012）的做法，以企业过去 5 年经行业中位数调整后的销售收入的变异系数衡量环境动荡性（*eu*）。变量 *eu* 越大，表明环境动荡程度越高；反之，表明环境动荡程度越低。

具体地，利用式（4-6）计算环境动荡性指标。

$$Sale = \varphi_0 + \varphi_1 Year + \varepsilon \tag{4-6}$$

式中：*Sale* 为企业的销售收入；*Year* 为年度变量。若观测值是 4 年前的，则 *Year* 赋值为 1；若观测值是 3 年前的，则 *Year* 赋值为 2；若观测值是 2 年前的，则 *Year* 赋值为 3；若观测值是 1 年前的，则 *Year* 赋值为 4；而当年的观测值则赋值为 5。通过对式（4-6）进行回归，得到的残差值为非正常销售收入。再通过计算之前 5 年的非正常销售收入的标准差与之前 5 年销售收入的均值的比值，得到未经行业调整的环境动荡性。同时，将同一年度行业内所有企业未经行业调整的环境动荡性的中位数视为行业环境动荡性，再参考 Ghosh 和 Olsen（2009）的做法，以未经行业调整的环境动荡性与行业环境动荡性的比值作为企业经行业调整之后的环境动荡性。

（六）区域风险文化（*r_culture*）

根据前述研究假设，本书主要考察了企业注册地所在省份的风险文化对期望落差与企业资产剥离选择之间关系的影响。一般而言，赌博、赛马及风险资产投资等活动都能在一定程度上表征一个地区的风险文化。具体而言，本书以企业注册地所在省份的人均风险资产投资额的对数值（*r_culture*）衡量当地的风险文化，即当地的风险资产投资额与常住人口的比值的对数值。变量 *r_culture* 越大，意味着当地的风险文化氛围越浓，风险偏好越高；反之，当地的风险文化氛围越轻，风险偏好越低。

（七）中介市场发展（*intermediary*）

为了有效地度量企业注册地所在省份的中介市场发育程度，本书利用企业注册地的樊刚指数的分项指数"中介市场发育程度得分"衡量企业所处环境的中介市场发展情况。得分越高，表明企业所处环境中律师、会计师等服务越好；得分越低，表明企业所处环境中的中介机构发展越不完善。由于这一指数的部分年份数据存在缺失，参照潘越等（2009）的做法，缺失的数据用相隔最近的年份数据替代。

（八）政策不确定性（*uncertainty*）

地方政府决策者变更会导致地方政策的不确定性（陈德球、陈运森，2018），基于此，本书以企业注册地所在城市的决策者变更情况衡量企业面临的政策不确定性程度。当企业注册地所在城市的决策者发生变更时，变量 *uncertainty* 取值为 1，此时企业面临的政策不确定性更大；反之，变量 *uncertainty* 取值为 0，此时企业面临的政策不确定性更小。具体而言，与钱先航和徐业坤（2014）的做法一致，本书将当年 1~6 月发生的变更视为当年发生变更；7~12 月发生的变更视为下一年发生的变更。

四、控制变量

（一）期望顺差（*HAG_pos/IAG_pos*）

根据企业行为理论，当企业绩效超过期望目标，即企业处于期望顺差状态时，企业更可能维持当前的状态而不愿意改变（Cyert and March，1963）。基于此，本书在回归过程中分别加入了历史期望顺差变量和社会期望顺差变量，控制期望顺差可能对企业资产剥离选择产生的影响。利用式（4-2）和式（4-4）计算期望绩效差距，判断企业是否处于期望顺差状态。若历史期望绩效差距大于 0，则企业处于历史期望顺差状态。为了更直观地考察历史期望顺差与企业资产剥离选择之间的关系，当历史期望绩效差距小于 0 时，将变量 *HAG_pos* 赋值为 0；当历史期望绩效差距大于 0时，将变量 *HAG_pos* 赋值为历史期望绩效差距的值。同理，若社会期望绩效差距大于 0，则企业处于社会期望顺差状态。为了更直观地考察社会期望顺差与企业资产剥离选择之间的关系，当社会期望绩效差距小于 0 时，将变量 *IAG_pos* 赋值为 0；当社会期望绩效差距大于 0 时，将变量 *IAG_pos* 赋值为社会期望绩效差距的值。

（二）企业规模（*size*）

一般来说，大公司由于财务资源和管理资源充足，在一定程度上可以免受资产剥离压力；而较小的公司由于资源匮乏，无法有效缓冲资产剥离压力。并且，规模大通常预示了更好的发展前景。本书通过计算企业总资产的自然对数衡量企业的规模，以控制企业规模可能对企业资产剥离选择产生的影响。

（三）资产负债率（lev）

根据 Ofek（1993）及 Denis 和 Shome（2005）的研究，资产负债率较高的公司，更可能实施资产剥离交易。因此，本书在回归模型中加入了企业的资产负债率控制其对企业资产剥离选择的影响。其中，企业的资产负债率定义如下：企业的负债总额与资产总额的比值。

（四）经营性现金流（ocf）

Lang 等（1995）提出了企业资产剥离的融资假设，当债务融资及股权融资成本高昂或者不可得时，企业可能会通过剥离资产的方式获得现金流。基于此，本书在回归模型中加入了经营性现金流这一变量，控制现金流情况可能对企业资产剥离选择产生的影响。具体而言，本书将经营性现金流定义如下：经营活动的现金流量与企业总资产的比值。

（五）企业年龄（lnage）

一方面，企业在同一行业经营时间越久，其对这一行业的经营成本和相对效率情况的了解程度越深。相应地，这类公司更能识别出哪些资产应该剥离（Van Kranenburg et al.，2002）。另一方面，经营时间越久的公司可能惯性更强，导致其资产剥离更困难（Shimizu and Hitt，2005）。因此，本书在回归模型中加入了企业年龄这一变量，以控制企业年龄对企业资产剥离选择的影响。其中，企业年龄的定义如下：企业上市时间加 1 取自然对数。

（六）股权集中度（top1）

Nguyen 等（2013）的研究指出，公司第一大股东的持股比例会显著负向影响企业的资产剥离选择。因此，本书通过控制第一大股东持股比例控制股权集中度对企业资产剥离选择的影响。

（七）产权性质（*soe*）

现有研究发现，产权性质会影响企业的资产剥离选择（Feldman et al.，2016；Kim et al.，2019；薛有志、吴倩，2021）。因此，本书在回归模型中加入了产权性质这一变量以控制产权性质对企业资产剥离选择的影响。具体而言，通过判断企业实际控制人的性质确定企业类型。当企业为国有企业时，该变量取值为 1；否则，取值为 0。

（八）并购交易（*ma_dummy*）

现有文献指出，由于无法有效整合并购资产（Porter，1987），或者出于动态调整企业边界的考虑（Heimeriks et al.，2012），一部分并购最终会被剥离。因此，本书在回归模型中加入了企业并购情况这一变量，控制并购对企业资产剥离选择的影响。具体而言，若企业当年成功实施过并购交易时，该变量取值为 1；否则，取值为 0。

（九）多元化经营（*diversification*）

现有研究指出，过度多元化是企业资产剥离选择的重要推动因素（Duhaime and Grant，1984）。Zuckerman（2000）也指出，业务范围广泛的公司为了让证券分析师更好地理解公司业务并准确估值，更有可能剥离资产。因此，本书在回归模型中加入了多元化程度这一变量，以控制多元化程度对企业资产剥离选择的影响。具体而言，若企业的主营业务数量超过 1 时，该变量取值为 1；否则，取值为 0。

（十）独立董事比例（*i_director*）

现有研究指出，董事会独立性越高，企业更可能聚焦主业，且聚焦主业的强度也会更大（Perry and Shivdasani，2005）。基于此，本书在回归模型中加入了独立董事比例这一变量以控制其对企业资产剥离选择可能的影响。具体而言，独立董事比例的定义如下：独立董事人数与董事会总人数的比值。

（十一）两职合一（*duality*）

Kolev（2016）的研究指出，两职合一会影响企业的资产剥离选择。基于此，本书在回归模型中加入两职合一这一变量，控制其对企业资产剥离选择可能的影响。其中，当 CEO 兼任董事长时，该变量取值为 1；否则，取值为 0。

（十二）CEO 变更（ceo_change）

根据 Gilmour（1973）的研究，企业剥离资产前一般伴随着高管人员的更替现象。Feldman（2014）也发现，新上任的 CEO 相较长期任职的 CEO 更有可能剥离企业的传统业务。基于此，本书在回归模型中加入 CEO 变更这一变量，控制其对企业资产剥离选择可能的影响。若当年发生 CEO 变更，则该变量取值为 1；否则，取值为 0。具体变量定义如表 4-1 所示。

第三节　模型设定

一、主回归模型

为检验期望落差与企业资产剥离选择的关系，本书构建了如下回归模型。

$$\text{Probit}(divest_{i,t} = 1) = \beta_0 + \beta_1 Aspiration\_gap_{i,t-1} + Controls_{i,t-1} + \varepsilon \quad (4\text{-}7)$$

$$divest\_power_{i,t} = \varphi_0 + \varphi_1 Aspiration\_gap_{i,t-1} + Controls_{i,t-1} + \varepsilon \quad (4\text{-}8)$$

考虑到本书的被解释变量分别为 divest 和 divest_power，因此，本书分别构造了模型（4-7）和模型（4-8），检验期望落差对企业资产剥离选择的影响。由于 divest 为虚拟变量，因此，本书构建的模型（4-7）为 Probit 回归模型。而变量 divest_power 在 0 处存在左归并，因此，本书构建的模型（4-8）为 Tobit 回归模型。具体而言，模型（4-7）中 $divest_{i,t}$ 为上市公司 i 于第 t 期是否剥离资产的虚拟变量，模型（4-8）中 $divest\_power_{i,t}$ 为资产剥离强度变量，即资产剥离交易额与企业总资产的比值。并且，模型（4-7）和模型（4-8）中解释变量和控制变量相同。其中，$Aspiration\_gap_{i,t-1}$ 表示上市公司 i 于第 $t-1$ 期的期望落差情况，具体包括历史期望落差 $HAG_{i,t-1}$ 与社会期望落差 $IAG_{i,t-1}$ 两种类型的期望落差。$Controls_{i,t-1}$ 表示的是控制变量合集。ε 表示残差项。此外，本书设置了年度虚拟变量和行业虚拟变量控制年份和行业的影响。

二、调节效应检验模型

为了检验期望落差特征对这一过程的影响，本书构建了回归模型（4-9）和回归模型（4-10）。

$$\text{Probit}(divest_{i,t}=1) = \gamma_0 + \gamma_1 Aspiration\_gap_{i,t-1} \times F_{i,t-1} + \gamma_2 Aspiration\_gap_{i,t-1} + \gamma_3 F_{i,t-1} + Controls_{i,t-1} + \varepsilon$$

（4-9）

$$divest\_power_{i,t} = \theta_0 + \theta_1 Aspiration\_gap_{i,t-1} \times F_{i,t-1} + \theta_2 Aspiration\_gap_{i,t-1} + \theta_3 F_{i,t-1} + Controls_{i,t-1} + \varepsilon$$

（4-10）

其中，模型（4-9）为 Probit 回归，模型（4-10）为 Tobit 回归。变量方面，模型（4-9）与模型（4-10）仅被解释变量不同，模型（4-9）中 $divest_{i,t}$ 为上市公司 i 于第 t 期是否剥离资产的虚拟变量，模型（4-10）中 $divest\_power_{i,t}$ 为资产剥离强度变量。并且，变量 $F_{i,t-1}$ 表示影响期望落差与企业资产剥离选择之间关系的期望特征，包括期望落差一致性、期望落差不一致及期望落差持续性（$HAG\_persistence/\ IAG\_persistence$）。其余变量定义同模型（4-7）。

此外，为了检验影响期望落差与企业资产剥离选择之间关系的边界条件，本书构建了回归模型（4-11）和回归模型（4-12）。

$$\text{Probit}(divest_{i,t}=1) = \delta_0 + \delta_1 Aspiration\_gap_{i,t-1} \times Z_{i,t-1} + \delta_2 Aspiration\_gap_{i,t-1} + \delta_3 Z_{i,t-1} + Controls_{i,t-1} + \varepsilon$$

（4-11）

$$divest\_power_{i,t} = \rho_0 + \rho_1 Aspiration\_gap_{i,t-1} \times Z_{i,t-1} + \rho_2 Aspiration\_gap_{i,t-1} + \rho_3 Z_{i,t-1} + Controls_{i,t-1} + \varepsilon$$

（4-12）

其中，模型（4-11）为 Probit 回归，模型（4-12）为 Tobit 回归。除变量 $Z_{i,t-1}$ 外，模型（4-11）和模型（4-12）的其余变量定义同模型（4-7）与模型（4-8）。具体地，模型（4-11）和模型（4-12）中变量 $Z_{i,t-1}$ 表示影响期望落差与企业资产剥离选择之间关系的边界条件，即影响期望落差与企业资产剥离选择之间关系的情境因素或权变影响因素。本书分别考察了组织资源（组织冗余 *slack*、成熟期企业 *mature*）、组织经验（*experience*）、公司治理特征（*overconfidence*）与破产风险（*z_index*）这几类内部情境因素，及企业经营环境（行业竞争程度 *hhi*、环境丰腴度 *er*、环境动荡性 *eu*）、区域风险文化（*r_culture*）、中介市场发展（*intermediary*）与政策不确定性（*uncertainty*）这几类外部情境因素对这一过程的影响。需要解释的一点是，尽管模型（4–9）和模型（4–10）与模型（4–11）和模型（4–12）是一致的，但是考虑到一组是检验期望落差特征的影响，一组是检验边界条件的影响，因此，本书分别构建了相应的回归模型。

第五章

实证结果分析

本章首先对变量的基本情况进行了分析。具体而言，本章对主要变量进行了描述性统计分析，并且专门分析了资产剥离样本的分布特征，此外，还进行了相应的均值 T 检验。然后利用第四章的回归模型对本书的研究假设进行检验，考察期望落差与企业资产剥离选择之间的关系。

第一节　描述性统计

一、主要变量的描述性统计结果

表 5-1 报告了主要变量的描述性统计结果。从表 5-1 中可以看出，样本企业中仅 11.4% 的企业实施了资产剥离交易。这一数据表明，尽管我国上市公司实施的资产剥离交易近年来呈现交易数量不断增多的趋势，但是，我国上市公司中剥离资产的公司体量总体仍然较小。同时，从资产剥离强度这一变量的统计结果可以看出，实施资产剥离交易的企业之间剥离资产的强度也存在较大差异。此外，从变量 HAG 的统计结果可以看出，历史期望落差的绝对值的均值为 0.022，标准差为 0.042，表明不同企业间的历史期望落差水平存在较大差距。变量 IAG 的统计结果表明，社会期望落差的绝对值的均值为 0.020，最小值为 0，最大值为 0.299，表明不同企业之间的社会期望落差水平也存在较大的差异。此外，从表 5-1 中可以看出，历史期望顺差和社会期望顺差的均值分别为 0.010 和 0.020，并且从标准差的大小可以看出，不同企业间的期望顺差水平也存在较大差异。

在控制变量方面，企业规模的均值为 21.963，资产负债率的均值为 0.449。从变量 ocf 的统计结果可以看出，不同企业的经营活动现金流的情况

存在较大差异。并且，样本公司上市时间的对数值的均值为 2.108。第一大
股东持股比例范围从 7.490% 到 78.660%，平均持股水平为 35.875%。此外，
样本中国有企业占比大约为 45.7%，有 16.9% 的企业在当年实施过并购交
易，采用多元化经营模式的企业接近 2/3。公司治理特征方面，样本公司中
独立董事比例的均值为 0.366，存在两职合一的样本企业占比为 21.8%，发
生 CEO 变更的企业占比为 19.8%。

表 5-1 变量的描述性统计

变量	样本量	均值	标准差	最小值	中位数	最大值
divest	28288	0.114	0.317	0	0	1.000
divest_power	28288	0.004	0.015	0	0	0.107
HAG	28288	0.022	0.042	0	0.006	0.321
IAG	28288	0.020	0.040	0	0.001	0.299
HAG_pos	28288	0.010	0.024	0	0	0.171
IAG_pos	28288	0.020	0.034	0	0	0.193
size	28288	21.963	1.261	19.322	21.789	26.407
lev	28288	0.449	0.204	0.045	0.451	0.921
ocf	28288	0.045	0.075	−0.240	0.045	0.288
lnage	28288	2.108	0.753	0	2.197	3.258
top1	28288	35.875	15.349	7.490	33.750	78.660
soe	28288	0.457	0.498	0	0	1.000
ma_dummy	28288	0.169	0.374	0	0	1.000
diversification	28288	0.654	0.476	0	1	1.000
i_director	28288	0.366	0.053	0.222	0.333	0.571
duality	28288	0.218	0.413	0	0	1.000
ceo_change	28288	0.198	0.398	0	0	1.000
HAG_persistence	28288	2.250	2.832	0	1.367	19.905
IAG_persistence	28288	2.120	2.979	0	0.987	18.501
slack	28288	−0.015	0.573	−0.541	−0.192	3.730
mature	28288	0.390	0.488	0	0	1.000
experience	28288	0.105	0.354	0	0	1.946
overconfidence	28288	0.491	0.500	0	0	1.000
z_index	28288	0.227	0.419	0	0	1.000
hhi	28288	0.111	0.115	0.015	0.075	0.756
er	28288	0.228	0.417	−0.214	0.159	4.560
eu	28288	4.588	12.641	0.032	1.000	109.837

变量	样本量	均值	标准差	最小值	中位数	最大值
r_culture	28288	5.327	0.833	2.509	5.573	6.480
intermediary	28288	8.657	4.502	0.880	7.650	16.940
uncertainty	28288	0.299	0.458	0	0	1.000

资料来源：笔者整理。

调节变量方面，从历史期望落差持续性、社会期望落差持续性的标准差可以看出，企业间的期望落差持续性存在较大差异。另外，从统计结果也可以看出，企业间的冗余资源存在较大的差异。样本企业中处于成熟期的企业占比为 39%。企业资产剥离经验的均值为 0.105。样本中 49.1% 的 CEO 呈现过度自信的特征。破产风险较大的企业占比为 22.7%。以赫芬达尔指数衡量行业竞争程度可以发现，样本企业的赫芬达尔指数的均值为 0.111。环境丰腴度与环境动荡性的统计结果均表明，不同企业面临的环境丰腴度与环境动荡性大不相同。风险文化方面，人均风险资产投资额的对数值的均值为 5.327。此外，样本企业所处区域的中介市场发育程度得分的均值为 8.657。最后，样本期间发生决策者变更的概率为 29.9%。

二、资产剥离样本分布情况

为了更全面地了解资产剥离样本的年份、行业和地域分布情况，本书分别对资产剥离样本的相应特征进行了统计分析。

图 5-1 展示了资产剥离样本的年份分布情况。从图 5-1 中可以看出，总的来说，样本期间我国 A 股上市公司实施的资产剥离交易数量呈现逐年增长的趋势。并且，2007 年、2015 年和 2016 年实施资产剥离交易的企业数量相较上一年有较大幅度的增长。具体地，2007 年我国 A 股上市公司资产剥离交易的增加可能是由 2008 年国际金融危机爆发前夕经济环境不确定性上升导致的。2015 年和 2016 年我国 A 股上市公司资产剥离交易的增加则可能是受我国经济发展进入"新常态"的影响。这一时期经济增速明显放缓，国内外对经济发展前景产生忧虑，导致了企业的资产剥离交易增多。并且，2015～2016 年，我国从"十二五"时期进入"十三五"时期，产业政策的调整也在一定程度上影响了企业的经营环境，进而导致了部分资产剥离交易的发生。

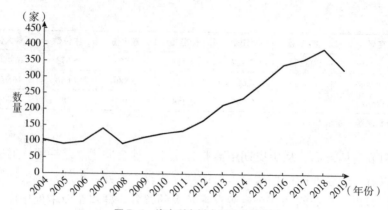

图 5-1　资产剥离样本年份分布情况

资料来源：CSMAR 数据库。

图 5-2 按照实施资产剥离交易的企业上年是否处于历史期望落差状态进行分组，展示了历史期望绩效差距不同的企业实施资产剥离交易的年份分布情况。从图 5-2 中可以看出，总体上，无论是处于历史期望落差状态的企业还是处于历史期望顺差状态的企业实施的资产剥离交易数量都呈现逐年增长的趋势。但是，可以很明显地看出，处于历史期望落差状态的企业实施了更多的资产剥离交易。图 5-3 按照实施资产剥离交易的企业上年是否处于社会期望落差状态进行分组，展示了社会期望绩效差距不同的企业实施资产剥离交易的年份分布情况。从图 5-3 也能得出与图 5-2 类似的结论：相比处于社会期望顺差状态的企业，处于社会期望落差状态的企业实施了更多的资产剥离交易。

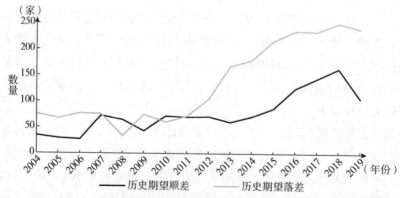

图 5-2　资产剥离样本年份分布情况（按照历史期望绩效差距分组）

资料来源：CSMAR 数据库。

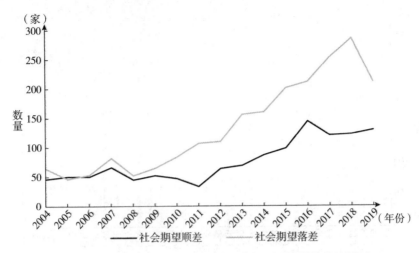

图 5-3　资产剥离样本年份分布情况（按照社会期望绩效差距分组）

资料来源：CSMAR 数据库。

图 5-4 和图 5-5 展示了资产剥离样本的行业分布情况。考虑到制造业包含众多大类，本书分别统计了制造业和除制造业以外的其他行业的企业的资产剥离交易情况。其中，图 5-4 展示了除制造业以外的其他行业的企业实施的资产剥离交易数量情况，图 5-5 展示了制造业企业实施的资产剥离交易数量情况。

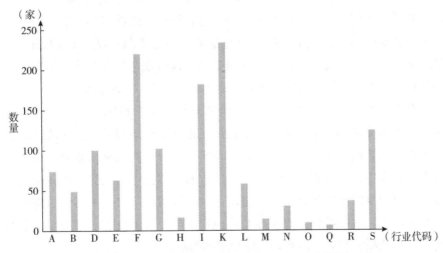

图 5-4　资产剥离样本行业分布情况（除制造业外的其他行业）

资料来源：CSMAR 数据库。

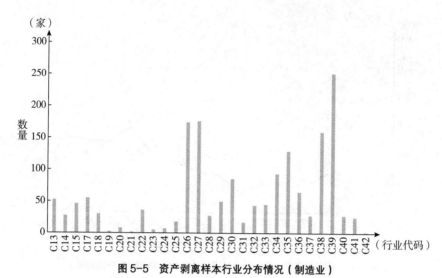

图5-5　资产剥离样本行业分布情况（制造业）

资料来源：CSMAR 数据库。

从图 5-4 可以看出，除制造业外，实施资产剥离交易的企业最多的前三个行业分别是房地产业（K）、批发和零售业（F）及信息传输、软件和信息技术服务业（I）。出现这一结果，可能与行业内企业的经营模式、相关的政策导向及行业特征有关。例如，信息传输、软件和信息技术服务业面对的技术变革程度相对更高，进而影响了行业内企业的资产剥离概率。同时，这一结果也在一定程度上验证了资产剥离的行业集聚特征。

从图 5-5 可以看出，在制造业中，属计算机、通信和其他电子设备制造业（C39）、医药制造业（C27）、化学原料和化学制品制造业（C26）这三个大类的企业实施的资产剥离交易最多。这可能与这些行业内的企业面对的行业环境动态性、发展前景及政策要求等存在一定的联系。

图 5-6 展示了资产剥离样本的地域分布情况。具体地，本书按照实施资产剥离交易的样本公司的注册地所在地区进行地域分布情况统计。从图 5-6 可以看出，不同地区的上市公司实施的资产剥离交易数量存在较大的差异。其中，广东省、浙江省和江苏省的上市公司实施的资产剥离交易较多；而宁夏回族自治区、西藏自治区及青海省的上市公司实施的资产剥离交易较少。这一统计结果可能与当地的上市公司基数有一定关系，也可能是受当地经济发展、制度环境建设等的影响。

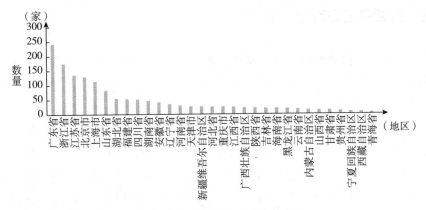

图 5-6 资产剥离样本地域分布情况

资料来源：CSMAR 数据库。

图 5-7 展示了实施资产剥离交易的企业在样本期间实施的资产剥离交易次数的分布情况。从图 5-7 中可以看出，实施资产剥离交易的企业中 48.6% 的企业在样本期间仅实施过 1 次资产剥离交易；24.6% 的企业在样本期间剥离了 2 次资产；12.8% 的企业在样本期间实施了 3 次资产剥离交易。仅 14.0% 的企业在样本期间剥离了超过 3 次资产。并且，本书发现，样本期间剥离资产次数最多的企业成功剥离了 11 次资产。

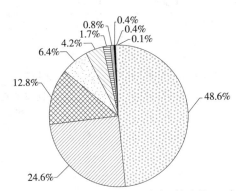

□1次资产剥离交易　□2次资产剥离交易　□3次资产剥离交易　□4次资产剥离交易
□5次资产剥离交易　□6次资产剥离交易　□7次资产剥离交易　■8次资产剥离交易
□9次资产剥离交易　□11次资产剥离交易

图 5-7 资产剥离样本剥离资产的频数分布情况

数据来源：CSMAR 数据库。

注：由于剥离资产的频数为 11 的样本占比非常小，故在饼图中很难直接看出。相关数据，作者备索。

三、主要变量的均值 T 检验

为了初步检验期望落差与企业资产剥离选择之间是否存在联系，本书进行了主要变量的均值 T 检验。表 5-2 和表 5-3 分别报告了按照样本企业是否处于历史期望落差状态进行分组的均值 T 检验结果和按照样本企业是否处于社会期望落差状态进行分组的均值 T 检验结果，以考察处于期望落差状态的企业与处于期望顺差状态的企业的资产剥离情况是否存在差异。从表 5-2 的统计结果可以看出，处于历史期望落差状态的企业中，有 11.8% 的企业在样本期间实施了资产剥离交易，而处于历史期望顺差状态的企业中仅 10.7% 的企业在样本期间剥离了资产，并且前者显著大于后者，这一结果表明，处于历史期望落差状态的企业实施了显著更多的资产剥离交易。但是，表 5-2 的统计结果也显示，历史期望落差组与历史期望顺差组的企业之间的资产剥离强度不存在显著差异。

表 5-2　变量的均值 T 检验（按照是否处于历史期望落差状态分组）

变量	样本量	历史期望顺差组均值	样本量	历史期望落差组均值	均值 T 检验
divest	10945	0.107	17343	0.118	−0.011***
divest_power	10945	0.004	17343	0.004	0.000

注：***、**、* 分别表示 1%、5%、10% 的显著水平。
资料来源：笔者整理。

表 5-3　变量的均值 T 检验（按照是否处于社会期望落差状态分组）

变量	样本量	社会期望顺差组均值	样本量	社会期望落差组均值	均值 T 检验
divest	13941	0.084	14347	0.143	−0.059***
divest_power	13941	0.003	14347	0.005	−0.002***

注：***、**、* 分别表示 1%、5%、10% 的显著水平。
资料来源：笔者整理。

表 5-3 的统计结果显示，处于社会期望落差状态的企业中有 14.3% 的企业在样本期间剥离了资产；而处于社会期望顺差状态的企业中仅 8.4% 的企业在样本期间实施了资产剥离交易，且前者显著大于后者，这一结果表明，处于社会期望落差状态的企业实施了显著更多的资产剥离交易。并且，表 5-3 的统计结果还显示，社会期望落差组与社会期望顺差组的企业之间

的资产剥离强度存在显著差异。

总的来说，表 5-2 和表 5-3 的统计结果初步显示，企业是否处于期望落差状态确实会在一定程度上影响其后续的资产剥离选择，并且社会期望落差对企业资产剥离选择的影响更加显著。

第二节　期望落差类型对企业资产剥离选择的影响

一、基准回归结果

表 5-4 报告了期望落差对企业资产剥离选择影响的 Probit 回归结果和 Tobit 回归结果。其中，列（1）和列（5）分别为未控制年份和行业影响时，历史期望落差（HAG）和社会期望落差（IAG）对企业资产剥离决策（divest）的回归结果；列（2）和列（6）分别为控制了年份和行业影响后，历史期望落差（HAG）和社会期望落差（IAG）对企业资产剥离决策（divest）的回归结果；列（3）和列（7）分别为未控制年份和行业影响时，历史期望落差（HAG）和社会期望落差（IAG）对企业资产剥离强度（divest_power）的回归结果；列（4）和列（8）分别为控制了年份和行业影响后，历史期望落差（HAG）和社会期望落差（IAG）对企业资产剥离强度（divest_power）的回归结果。

表 5-4　期望落差与企业资产剥离选择

变量	（1） divest	（2） divest	（3） divest_ power	（4） divest_ power	（5） divest	（6） divest	（7） divest_ power	（8） divest_ power
HAG	0.862*** （0.000）	0.895*** （0.000）	0.068*** （0.000）	0.071*** （0.000）				
IAG					1.792*** （0.000）	1.954*** （0.000）	0.128*** （0.000）	0.140*** （0.000）
Controls	Yes	Yes	Yes	Yes	Yes	Yes	Yes	Yes
Year/Ind	No	Yes	No	Yes	No	Yes	No	Yes
_cons	−1.262*** （0.000）	−1.310*** （0.000）	−0.030* （0.053）	−0.023 （0.214）	−1.518*** （0.000）	−1.645*** （0.000）	−0.046*** （0.003）	−0.044** （0.018）
N	28288	28288	28288	28288	28288	28288	28288	28288
pseudo R^2	0.046	0.057	0.209	0.256	0.050	0.062	0.231	0.279

注：括号内为 p 值，***、**、* 分别表示 1%、5%、10% 的显著性水平。

资料来源：笔者整理。

从表 5-4 中列（1）和列（2）的回归结果可以看出，历史期望落差的系数分别为 0.862 和 0.895，均在 1% 的水平上显著。这一结果表明，历史期望落差与企业资产剥离决策在 1% 的显著性水平上正相关。从表 5-4 中列（3）和列（4）的回归结果可以看出，历史期望落差的系数分别为 0.068 和 0.071，也都在 1% 的水平上显著。这一结果表明，历史期望落差与企业资产剥离强度也在 1% 的显著性水平上正相关。由此，假设 1 得到验证，即历史期望落差会显著正向影响企业的资产剥离选择。

根据企业行为理论，这可以解释为：因 $t-1$ 期企业的绩效低于历史期望目标，导致历史期望落差产生，这就会触发企业的"问题搜索"过程，进而导致这类企业积极寻找改善企业绩效的解决方案，以弥补绩效不足。在这种情况下，处于历史期望落差状态的企业的注意力会转移到寻找改善企业绩效的解决方案上，并且，这类企业在评估解决方案的过程中会更多地关注解决方案对改善企业绩效发挥的作用，对相应风险的关注较少。因此，这类企业在决定是否剥离资产时，会更加关注资产剥离对改善企业绩效产生的积极影响，而在一定程度上忽视资产剥离伴生的风险，从而进一步增加了其剥离资产的意向。所以，处于历史期望落差状态的企业往往会实施更多的资产剥离交易，其资产剥离强度也随之提升。

控制变量方面[①]，历史期望顺差并未对企业资产剥离选择产生显著的影响。另外，与 Bergh（1997）的研究结论一致，列（3）和列（4）的回归结果显示，规模越大的企业剥离资产的强度越小，这可能是因为规模大的企业资源更丰富，能在一定程度上缓冲企业的资产剥离压力。并且，列（1）至列（4）的回归结果均表明，资产负债率越高的企业更可能实施资产剥离交易，这与 Ofek（1993）的结论是一致的。此外，现金流越充足的企业，实施的资产剥离交易越少。上市时间越长的企业因对行业和企业发展情况把握得更好，能更准确地判断出哪些资源与企业发展的契合度不足，故更愿意剥离资产。而第一大股东持股比例越高，企业实施的资产剥离交易越少，这与 Nguyen 等（2013）的研究结论相同。并且，与非国有企业相比，国有企业实施的资产剥离交易更少，这与薛有志和吴倩（2021）的研究结论是相符的。同时，实施过并购交易的上市公司的资产剥离概率和强度均显著上升。另外，与苏文兵等（2009）的发现一致，本

---

① 限于篇幅，未在表格中汇报控制变量回归结果，笔者备索。下同。

书的回归结果也表明，多元化经营的企业更可能剥离资产。公司治理特征方面，独立董事比例并不会显著影响企业的资产剥离选择。除列（3）外，两职合一对企业的资产剥离选择也并未产生显著影响。但是，CEO 变更对企业的资产剥离选择产生了显著正向的影响。这可能是因为 CEO 变更为企业注入新的活力，新任 CEO 更可能打破组织惯性，作出剥离资产的选择。这一结论与已有研究结论一致（苏文兵等，2009）。

表 5-4 中列（5）至列（8）报告了社会期望落差对企业资产剥离选择影响的 Probit 回归结果和 Tobit 回归结果。从表 5-4 中列（5）和列（6）的回归结果可以看出，社会期望落差与企业资产剥离决策在 1% 的显著性水平上正相关，其回归系数分别为 1.792 和 1.954，这一结果表明，$t-1$ 期处于社会期望落差状态的企业在 t 期剥离资产的概率会大大增加。从表 5-4 中列（7）和列（8）的回归结果可以看出，社会期望落差与企业资产剥离强度在 1% 的显著性水平上正相关，其回归系数分别为 0.128 和 0.140，这一结果表明，$t-1$ 期处于社会期望落差状态的企业在 t 期剥离资产的强度会大大增加。由此，假设 2 得到验证。

根据企业行为理论，这可以解释为：因 $t-1$ 期企业的绩效低于社会期望目标，社会期望落差产生，这会导致这类企业的注意力转移到寻找弥补绩效不足的解决方案上，积极进行问题搜索，并加以行动。基于前述研究假设，面对社会期望落差的企业为了快速弥补绩效不足，其在搜索改善企业绩效的解决方案并评估相应的解决方案的过程中，往往会更多地关注解决方案对改善企业绩效的积极影响，相应地，这类企业在这一过程中对解决方案伴生的风险关注度较低。因此，这类企业在决定是否实施资产剥离交易时，会更加关注资产剥离为改善企业绩效提供的帮助，而在一定程度上忽视资产剥离伴生的风险，这就导致这类企业的资产剥离意向增加。所以，处于社会期望落差状态的企业往往会实施更多的资产剥离交易，其资产剥离强度也随之提升。

在控制变量方面，社会期望顺差在 1% 的显著性水平上负向影响企业的资产剥离选择，这表明，处于社会期望顺差状态的企业可能会更愿意维持当前的战略决策和组织结构，不愿意做出改变，这与企业行为理论的假设一致（Cyert and March，1963）。此外，资产负债率越高，现金流水平越低，上市时间越长，第一大股东持股比例越低，非国有企业，实施过并购交易的企业及采用多元化经营模式的企业实施资产剥离交易的概率显著更高，其剥离资产的强度也更大。但是就公司治理方面的控制变量来看，企业的独立董事比例、是否存在两职合一及 CEO 变更对企业的资产剥离决策均未产生显著的影响。但是，回归结果表明，CEO 变更会显著正向影响企业的资产剥离强度。同时，企业规模也会显著负向影响企业资产剥离强度。

最后，对比表 5-4 中历史期望落差的回归系数（0.862，$p<0.01$；0.895，$p<0.01$；0.068，$p<0.01$；0.071，$p<0.01$）与社会期望落差的回归系数（1.792，$p<0.01$；1.954，$p<0.01$；0.128，$p<0.01$；0.140，$p<0.01$），可以很明显看出，社会期望落差对企业资产剥离选择的正向影响程度更高。这可能与两类期望落差的来源有关。历史期望落差是企业绩效与历史期望目标比较得来的，社会期望落差是企业绩效与社会期望目标比较得来的，而历史期望目标是根据企业先前的绩效和先前的历史期望目标计算的，社会期望目标则是以同行业其他企业的平均绩效水平加以衡量的。因此，管理者能够在一定程度上将历史期望落差的出现归咎于外部环境的不利变化，而社会期望落差的出现意味着面对相似的经营环境，焦点企业的绩效表现不如同行业其他企业。故而，相比处于历史期望落差状态，当企业处于社会期望落差状态时，其进行问题搜索并加以行动的动机更强。在这一过程中，焦点企业在决定是否剥离资产时，其将注意力配置到资产剥离对绩效改善的积极影响上的动机也会进一步加大，进而导致处于社会期望落差状态的企业实施的资产剥离交易显著更多。

二、稳健性检验

（一）关于内生性问题的讨论

本书最主要的研究问题是期望落差对企业资产剥离选择的影响。其中，解释变量是企业在 $t-1$ 期的历史期望落差和社会期望落差，被解释变量是企业在 t 期的资产剥离选择。因此，本书中解释变量与被解释变量之间存在反向因果关系的可能性几乎不存在。同时，本书在设计实证模型的过程中，参考相关研究，对企业的财务特征、经营模式、产权性质以及公司治理特征等变量进行了控制，并进一步控制了年份和行业因素的影响，在一定程度上克服了遗漏变量可能的影响。

为了保证回归结果的稳健性，本书进一步采用工具变量法（IV-Probit 及 IV-Tobit）对期望落差与企业资产剥离决策（企业资产剥离强度）之间的关系进行检验，回归结果表明之前的研究结论是稳健的[①]。

本书选用了滞后两阶的历史期望落差作为企业在 t–1 期历史期望落差的工具变量。显然，这一工具变量满足相关性和外生性的要求。在第一阶段的回归中，工具变量与解释变量在 1% 的显著性水平上正相关（0.134，p<0.01）。同时，从第二阶段的回归结果可以看出，历史期望落差与企业资产剥离决策仍在 1% 的显著性水平上正相关，其系数为 6.552。历史期望落差与企业资产剥离强度也在 1% 的显著性水平上正相关，其系数为 0.523。这一回归结果表明，历史期望落差会显著正向影响企业的资产剥离决策及企业的资产剥离强度，也就是说，之前的回归结果是稳健的。

此外，本书选用了滞后一阶的社会期望落差作为企业在 t–1 期社会期望落差的工具变量。回归结果表明，在第一阶段的回归中，工具变量与解释变量在 1% 的显著性水平上正相关（0.295，p<0.01）。同时，从第二阶段的回归结果可以看出，社会期望落差与企业资产剥离决策仍在 1% 的显著性水平上正相关，其系数为 4.969。社会期望落差与企业资产剥离强度也在 1% 的显著性水平上正相关，其系数为 0.370。这一回归结果表明，社会期望落差会显著正向影响企业的资产剥离决策及企业的资产剥离强度，这也意味着之前的回归结果是稳健的。

（二）其他稳健性检验

除进行内生性检验确保回归结果的稳健性外，本书分别采用了替换期望落差的衡量方法、替换资产剥离交易的筛选标准、调整样本区间这三种方法进行相应的稳健性检验。回归结果[②] 均表明之前的研究结论是稳健的。

1. 替换期望落差的衡量方法

在本书第四章的变量定义中，将企业的历史期望目标定义为前一期的历史期望目标与前一期的实际绩效的加权平均值。这一部分以不同的方法衡量企业的历史期望目标，据以计算企业的历史期望落差，考察不同的历史期望落差对企业资产剥离选择的影响，以检验研究结论的稳健性。具体而言，本书采用了以下四种方法重新计算企业的历史期望目标：第一，参考 Harris 和 Bromiley（2007）的做法，将历史期望目标定

---

①② 鉴于图表数量限制，不再列出回归结果，笔者备索。

义为前一期的实际绩效，再计算新的历史期望落差变量 $HAG1$，然后对模型（4-7）和模型（4-8）进行相应的回归。第二，参考 Chen（2008）的研究，将历史期望目标定义为前一期的实际绩效与前两期的实际绩效的加权平均值，其中，前一期实际绩效的权重为 0.6，前两期实际绩效的权重为 0.4，再计算新的历史期望落差变量 $HAG2$，然后对模型（4-7）和模型（4-8）进行相应的回归。第三，依然将历史期望目标定义为前一期的历史期望目标与前一期的实际绩效的加权平均值，根据 Chen（2008）及苏涛永等（2021）的做法，第一期的历史期望目标不再以第一期的实际绩效替代，而是将第一期的历史期望目标定义为前面两期的实际绩效的加权平均值，再重新计算新的历史期望落差变量 $HAG3$，然后对模型（4-7）和模型（4-8）进行相应的回归。第四，不改变构造历史期望落差的方法，仅改变模型（4-1）中 α 的参数，重新构造历史期望落差变量 $HAG4$ 和 $HAG5$。其中，将 α 赋值为 0.5 构造 $HAG4$，将 α 赋值为 0.7 构造 $HAG5$，然后对模型（4-7）和模型（4-8）进行相应的回归。

回归结果显示，无论采用哪一种方法衡量企业的历史期望目标，所得到的历史期望落差与企业资产剥离决策（$divest$）均在 1% 水平上正向显著，其回归系数分别为 0.926、0.773、0.896、0.906、0.896。这一结果表明本书先前的回归结果是稳健的，即历史期望落差会触发企业的"问题搜索"过程，并且，这一过程中企业的注意力会更多地集中于企业资产剥离对改善企业绩效产生的积极作用上，而对相应的风险关注较少，进而增大了企业的资产剥离概率。

从回归结果也可以看出，无论采用哪一种方法衡量企业的历史期望目标，所得到的历史期望落差与企业资产剥离强度（$divest\_power$）也都在 1% 水平上正向显著，回归系数分别为 0.071、0.061、0.071、0.071、0.071。这一结果表明本书先前的回归结果是稳健的，即历史期望落差会触发企业的"问题搜索"过程，并且，这一过程中企业会更多地关注资产剥离对改善企业绩效发挥的积极作用，而对相应的风险关注较少，进而增加了企业的资产剥离强度。

此外，本书参考 Iyer 和 Miller（2008）及 Zhang 和 Rajagopalan（2010）的研究，不再以同行业其他企业绩效的平均值衡量社会期望目标，而是将社会期望目标定义为同行业企业绩效水平的中位数，并重新计算企业的社会期望落差变量 $IAG1$，再对模型（4-7）和模型（4-8）进行回归。

从回归结果可以看出，采用行业中位数衡量企业的社会期望目标计算得出的社会期望落差（$IAG1$）仍然在 1% 的水平上正向影响企业的资产剥离决策（$divest$），其系数为 1.889。这一结果表明，先前的回归结果是稳健的，即企业面临社会期望落差时，会触发"问题搜索"，并且这类企业在寻找和评估解决方案的过程中，会更关注解决方案对改善企业绩效的积极作用。因此，这类企业在决定是否剥离资产时，会更关注资产剥离对改善企业绩效产生的积极影响，较少关注相应的风险，从而导致这类企业会实施更多的资产剥离交易以弥补绩效不足。同时，社会期望落差（$IAG1$）仍然在 1% 的水平上正向影响企业的资产剥离强度（$divest\_power$），其系数为 0.136，这一结果表明，新的社会期望落差依然会显著正向影响企业的资产剥离强度，进一步证实了前述研究结论的稳健性，即处于社会期望落差状态的企业实施的资产剥离交易强度更大。

2. 替换资产剥离交易的筛选标准

先前的研究中，本书仅考察了交易额大于 500 万元的资产剥离交易，为了确保回归结果的稳健性，进一步缩紧对资产剥离交易额的筛选标准，考察交易额大于 1000 万元的资产剥离交易。若企业当年成功实施过交易额大于 1000 万元的资产剥离交易，视为发生资产剥离交易，此时，新的资产剥离交易变量 $divest\_1000$ 取值为 1；否则，取值为 0。变量 $divest\_power1000$ 为相应的资产剥离强度。然后，根据新的资产剥离交易变量对模型（4–7）和模型（4–8）进行回归。

从回归结果可以看出，采用新的筛选标准重新筛选资产剥离样本后，历史期望落差仍然在 1% 的水平上显著正向影响企业的资产剥离决策（$divest$）与企业资产剥离强度（$divest\_power$）。其中，历史期望落差的回归系数分别为 0.913 和 0.075。这一结果表明先前的回归结果是稳健的，即企业面临历史期望落差时，出于弥补绩效不足的动机，企业会积极进行"问题搜索"，进而导致这类企业实施了更多的资产剥离交易，其剥离资产的强度也更大。

同时，回归结果显示，社会期望落差仍然在 1% 的水平上正向影响企业的资产剥离决策（$divest$）和资产剥离强度（$divest\_power$）。其中，社会期望落差的回归系数分别为 2.013 和 0.152。这一结果表明先前的研究结论是稳健的，即企业面对社会期望落差时，会积极进行"问题搜索"，进而导致这类企业剥离了更多的资产。

3. 调整样本区间

考虑到本书是以 2004~2019 年中国 A 股上市公司作为研究样本，而 2008 年的国际金融危机对宏观经济发展和微观企业运行都产生了重要的影响，因此，尽管前述研究已经控制了年份效应，但为了进一步确保本书研究结论的稳健性，本书根据惯例，将国际金融危机的影响时间确定为 2008~2010 年，重新检验国际金融危机后期望落差与企业资产剥离选择之间的关系。

从回归结果可以看出，历史期望落差仍会显著正向影响企业的资产剥离决策（divest）与资产剥离强度（divest_power），其回归系数分别为 1.044 和 0.076，均在 1% 的水平上显著。这一结果表明，前述研究结论是稳健的，即面对历史期望落差，企业的注意力会转移到寻找改善企业绩效的解决方案上，并在评估解决方案的过程中将注意力更多地集中于解决方案对改善企业绩效产生的积极影响上，从而导致这类企业更愿意接受并实施资产剥离交易。

调整样本区间后，社会期望落差对企业资产剥离决策（divest）及资产剥离强度（divest_power）均会产生显著的正向影响，其回归系数分别为 2.463 和 0.162，均在 1% 的水平上显著。这一结果进一步表明前述研究结论是稳健的。当企业处于社会期望落差时，企业会积极进行问题搜索，并且这一过程中，这类企业更加关注资产剥离带来的绩效改善的结果，从而导致这类企业剥离了更多的资产。

总的来说，内生性检验结果和其他稳健性检验结果都支持了前述研究结论，进一步证实了本书研究结论的稳健性。

第三节　期望落差特征对企业资产剥离 选择的影响

前述研究结果表明，无论是处于历史期望落差状态的上市公司还是处于社会期望落差状态的上市公司，都显著实施了更多的资产剥离交易。基于"期望落差—问题搜索、注意力配置—企业资产剥离"的基本逻辑，本书进一步考察了期望落差特征对这一过程的影响。因为不同的期望落差特征蕴含了不同的信息，这就会导致管理者对期望落差状态有不同的解读，从而影响企业的问题搜索动机和注意力配置情况，进而影响企业后续的资产剥离选择。已有研究也关注了期望落差特征的影响。例如，有学者指出，期望落差不一致会影响企业决策（Blagoeva et al.，2020；Lv et al.，2021）。李溪等（2018）则拓展了期望落差的维度，考察了期望落差的持续性对企业创新的影响。Yang 等（2021）从绩效反馈的持续性特征出发，考察了绩效反馈的持续性对企业创新搜索的影响。基于此，这一部分本书分别考察了期望落差一致性、期望落差不一致与期望落差持续性的影响效果。

一、期望落差一致性与期望落差不一致的影响

本书根据企业是否处于期望落差状态，分别生成了三个交乘项——历史期望落差与社会期望落差的交乘项 $HAG \times IAG$、历史期望落差与社会期望顺差的交乘项 $HAG \times IAG\_pos$、历史期望顺差与社会期望落差的交乘项 $HAG\_pos \times IAG$，再对模型（4-9）和模型（4-10）进行回归，考察期望落差一致性及期望落差不一致对企业资产剥离选择的最终影响。表 5-5 报告了期望落差一致性与期望落差不一致对企业资产剥离决策（企业资产剥离强度）的回归结果。

表 5-5　期望落差一致性（不一致）与企业资产剥离选择

变量	（1）divest	（2）divest	（3）divest	（4）divest_ power	（5）divest_ power	（6）divest_ power
$HAG \times IAG$	−9.200***（0.000）			−0.537***（0.001）		
$HAG \times IAG\_pos$		6.029（0.476）			0.449（0.383）	
$HAG\_pos \times IAG$			−41.102*（0.054）			−2.643*（0.050）
Controls	Yes	Yes	Yes	Yes	Yes	Yes
Year/Ind	Yes	Yes	Yes	Yes	Yes	Yes
_cons	−1.779***（0.000）	−1.688***（0.000）	−1.662***（0.000）	−0.053***（0.005）	−0.048**（0.011）	−0.046**（0.014）
N	28288	28288	28288	28288	28288	28288
pseudo R^2	0.063	0.062	0.062	0.286	0.284	0.284

注：括号内为 p 值，***、**、* 分别表示 1%、5%、10% 的显著性水平。

资料来源：笔者整理。

从表 5-5 中列（1）和列（4）可以看出，历史期望落差与社会期望落差的交乘项 $HAG \times IAG$ 系数分别为 -9.200 和 -0.537，均在 1% 的水平上显著。这一结果表明，期望落差一致时，即企业同时处于历史期望落差状态与社会期望落差状态，企业实施了更少的资产剥离交易，其资产剥离强度也更小。也就是说，面对期望落差一致，企业的注意力会从改善企业绩效转移到确保企业生存上，导致企业更不愿意剥离资产。由此，假设 3a 得到验证。

从表 5-5 中列（2）和列（5）可以看出，历史期望落差与社会期望顺差的交乘项 $HAG \times IAG\_pos$ 对企业资产剥离选择的影响在统计上并不显著。这一结果表明，当企业面对期望落差不一致——处于历史期望落差状态与社会期望顺差状态时，可能会导致模糊的组织响应。这可能是因为，企业在面对历史期望落差—社会期望顺差这种特定的期望落差不一致的情境时，既受到问题解决的行为模式的影响，又受到自我提升的行为模式的影响，从而导致了其资产剥离选择的模糊性。

从表 5-5 中列（3）和列（6）的回归结果可以看出，历史期望顺差与社会期望落差的交乘项 $HAG\_pos \times IAG$ 系数分别为 -41.102 和 -2.643，均在 10% 的水平上显著。这一结果表明，当企业面对期望落差不一致——处于历史期望顺差状态与社会期望落差状态时，企业实施了更少的资产剥离交易，其资产剥离交易强度也更小。也就是说，这类企业在面对历史期望顺差—社会期望落差这种特定的期望落差不一致的情境时，更可能出于自我提升的目的，将注意力更多地配置在历史期望顺差的结果上而忽视社会期望落差，进而导致这类企业进行问题搜索，寻找改善企业绩效的解决方案的动机不强，这就进一步降低了其剥离资产的概率和强度。这一结果在一定程度上验证了假设 3b。

二、期望落差持续性的影响

根据前述研究假设，本书分别构造了历史期望落差与历史期望落差持续性的交乘项 $HAG \times HAG\_persistence$ 及社会期望落差与社会期望落差持续性的交乘项 $IAG \times IAG\_persistence$，再对模型（4-9）和模型（4-10）进行回归，检验期望落差持续性对期望落差与企业资产剥离选择之间关系的影响。

表 5-6 中列（1）至列（4）报告了历史期望落差持续性对历史期望

落差与企业资产剥离决策（企业资产剥离强度）之间关系的调节效应的检验结果。从表5-6中列（2）和列（4）的回归结果可以看出，历史期望落差与历史期望落差持续性的交乘项 $HAG \times HAG\_persistence$ 系数分别为 -0.146 和 -0.008，均在1%水平上显著。这一结果表明，历史期望落差持续性显著负向调节了历史期望落差与企业资产剥离决策（企业资产剥离强度）之间的关系，即高度持续的历史期望落差可能会让企业管理者感知到更严重的生存威胁。在这种情况下，企业注意力会转移到如何确保企业生存上。并且，此时企业对组织行动可能产生的风险高度敏感，这会进一步导致这类企业更不愿意实施资产剥离交易。假设4a得到验证。

表5-6　期望落差、期望落差持续性与企业资产剥离选择

变量	（1） divest	（2） divest	（3） divest_ power	（4） divest_ power	（5） divest	（6） divest	（7） divest_ power	（8） divest_ power
$HAG \times HAG\_$ $persistence$	-0.139*** （0.001）	-0.146*** （0.000）	-0.007** （0.010）	-0.008*** （0.006）				
$IAG \times IAG\_$ $persistence$					-0.183*** （0.000）	-0.197*** （0.000）	-0.010*** （0.001）	-0.011*** （0.000）
Controls	Yes	Yes	Yes	Yes	Yes	Yes	Yes	Yes
Year/Ind	No	Yes	No	Yes	No	Yes	No	Yes
_cons	-1.373*** （0.000）	-1.405*** （0.000）	-0.037** （0.016）	-0.030 （0.111）	-1.609*** （0.000）	-1.746*** （0.000）	-0.052*** （0.001）	-0.052*** （0.006）
N	28288	28288	28288	28288	28288	28288	28288	28288
pseudo R^2	0.047	0.058	0.213	0.260	0.051	0.063	0.235	0.284

注：括号内为 p 值，***、**、* 分别表示1%、5%、10%的显著性水平。

资料来源：笔者整理。

表5-6中列（5）至列（8）报告了社会期望落差持续性对社会期望落差与企业资产剥离决策（企业资产剥离强度）之间关系的调节效应的检验结果。从表5-6中列（6）和列（8）的回归结果可以看出，社会期望落差与社会期望落差持续性的交乘项 $IAG \times IAG\_persistence$ 系数分别为 -0.197 和 -0.011，均在1%水平上显著。这一结果表明，社会期望落差持续性显著负向调节了社会期望落差与企业资产剥离决策（企业资产剥离强度）之间的关系。也就是说，持续的社会期望落差导致处于社会期望落差状态的

企业的注意力从寻找改善企业绩效的解决方案转移到确保企业生存上，并且这类企业对组织行动可能带来的风险高度敏感，从而导致了更少的资产剥离交易。假设 4b 得到验证。

从以上回归结果可以看出，期望落差特征确实会影响企业管理者对期望落差状态包含的信息的解读，从而影响企业的问题搜索动机和注意力配置情况，并进一步作用于处于期望落差状态的企业的资产剥离选择。

06

第六章

边界条件检验结果分析

　　随着对期望落差与组织响应之间关系的认识不断深入，有学者发现，期望落差与组织响应之间的关系会受到边界条件的影响。具体地，无论是内部情境因素还是外部情境因素，都会影响组织对期望落差的响应情况。基于"期望落差—问题搜索、注意力配置—企业资产剥离"的逻辑路径，本书认为，不同的情境因素会通过影响企业的问题搜索动机和注意力配置情况影响企业的资产剥离选择。依照现有研究惯例，本书分别从组织资源、组织经验、公司治理特征和破产风险等内部情境因素，及企业经营环境、区域风险文化、中介市场发展和政策不确定性等外部情境因素考察情境因素对期望落差与企业资产剥离选择之间关系的调节作用。通过对模型（4-11）和模型（4-12）进行回归，实证检验影响期望落差与企业资产剥离选择之间关系的边界条件。

第一节　内部情境因素

一、期望落差、组织资源与企业资产剥离选择

　　根据前述研究假设，本书分别构造了历史期望落差与企业冗余资源的交乘项 $HAG \times slack$、社会期望落差与企业冗余资源的交乘项 $IAG \times slack$ 及历史期望落差与成熟期企业的交乘项 $HAG \times mature$、社会期望落差与成熟期企业的交乘项 $IAG \times mature$，再对模型（4-11）和模型（4-12）进行回归，检验组织资源对期望落差与企业资产剥离决策（企业资产剥离强度）之间关系的影响。

　　表6-1中列（1）至列（4）报告了冗余资源对历史期望落差与企业资

产剥离决策之间关系影响的回归结果。从表6-1中列（1）的回归结果可以看出，历史期望落差与冗余资源的交乘项$HAG \times slack$系数为负，但在统计上并不显著。这一结果表明，企业整体的冗余资源并未对历史期望落差与企业资产剥离决策之间的关系起显著的调节作用。这可能是因为：一方面，冗余资源作为一种缓冲机制，使处于历史期望落差状态的企业进行问题搜索和重新配置注意力的动机下降，进而导致其不愿意实施资产剥离交易；另一方面，冗余资源作为一种保障机制，为处于历史期望落差状态的企业提供了坚实的后盾，导致这类企业进行问题搜索和重新配置注意力的动机更强，进而可能更愿意接受并实施资产剥离交易。由于这两种作用方向相反，最后导致了模糊的作用效果，即冗余资源对历史期望落差与企业资产剥离决策之间关系的影响不显著。由此，假设5c得到验证。

表6-1 历史期望落差、冗余资源与企业资产剥离选择

变量	（1）divest	（2）divest	（3）divest	（4）divest	（5）divest_power	（6）divest_power	（7）divest_power	（8）divest_power
$HAG \times slack$	−0.213（0.480）				−0.001（0.929）			
$HAG \times slack\_qz$		−0.066（0.427）				−0.003（0.558）		
$HAG \times slack\_wcd$			−0.143（0.158）				−0.010（0.139）	
$HAG \times slack\_cd$				−0.927（0.292）				−0.031（0.614）
Controls	Yes	Yes	Yes	Yes	Yes	Yes	Yes	Yes
Year/Ind	Yes	Yes	Yes	Yes	Yes	Yes	Yes	Yes
_cons	−1.307***（0.000）	−1.209***（0.000）	−1.196***（0.000）	−1.636***（0.000）	−0.024（0.207）	−0.017（0.385）	−0.016（0.397）	−0.047**（0.013）
N	28288	28288	28288	28288	28288	28288	28288	28288
pseudo R^2	0.057	0.057	0.058	0.058	0.256	0.258	0.261	0.265

注：括号内为p值，***、**、*分别表示1%、5%、10%的显著性水平。
资料来源：笔者整理。

此外，考虑到本书使用的冗余资源是由潜在冗余、未沉淀冗余及沉淀冗余共同构成的，而这三类冗余资源在企业中所处的位置不同，这就可能导致其对历史期望落差与企业资产剥离决策之间关系的影响也不一致。因

此，本书进一步考察了每一类冗余资源对历史期望落差与企业资产剥离决策之间关系的调节作用。从表6-1的回归结果可以发现，无论是潜在冗余、未沉淀冗余还是沉淀冗余，对历史期望落差与企业资产剥离决策之间关系的调节作用都是不显著的。

表6-1中列（5）至列（8）报告了冗余资源对历史期望落差与企业资产剥离强度之间关系影响的回归结果。从列（5）的回归结果可以看出，企业整体的冗余资源并未对历史期望落差与企业资产剥离强度之间的关系起显著的调节作用。由此，假设5c进一步得到验证。此外，表6-1中列（6）至列（8）的回归结果也表明，潜在冗余、未沉淀冗余及沉淀冗余，均未能对历史期望落差与企业资产剥离强度之间的关系产生显著的调节作用。

表6-2中列（1）至列（4）报告了冗余资源对社会期望落差与企业资产剥离决策之间关系影响的回归结果。

表6-2 社会期望落差、冗余资源与企业资产剥离选择

变量	（1） divest	（2） divest	（3） divest	（4） divest	（5） divest_ power	（6） divest_ power	（7） divest_ power	（8） divest_ power
$IAG \times slack$	0.106 （0.733）				0.007 （0.343）			
$IAG \times slack\_qz$		0.022 （0.817）				0.005 （0.388）		
$IAG \times slack\_wcd$			−0.038 （0.782）				−0.001 （0.933）	
$IAG \times slack\_cd$				−1.483* （0.091）				−0.064 （0.284）
Controls	Yes	Yes	Yes	Yes	Yes	Yes	Yes	Yes
Year/Ind	Yes	Yes	Yes	Yes	Yes	Yes	Yes	Yes
_cons	−1.589*** （0.000）	−1.508*** （0.000）	−1.510*** （0.000）	−1.877*** （0.000）	−0.041** （0.029）	−0.035* （0.067）	−0.035* （0.063）	−0.061*** （0.001）
N	28288	28288	28288	28288	28288	28288	28288	28288
pseudo R^2	0.062	0.062	0.062	0.062	0.280	0.282	0.283	0.284

注：括号内为 p 值，***、**、* 分别表示1%、5%、10%的显著性水平。

资料来源：笔者整理。

表 6-2 中列（1）里社会期望落差与冗余资源的交乘项 $IAG \times slack$ 系数在统计上并不显著。这一结果表明，企业整体的冗余资源并未对社会期望落差与企业资产剥离决策之间关系起显著的调节作用。这可能是受冗余资源的"缓冲作用"和"保障作用"共同影响的结果，即冗余资源的缓冲作用会负向影响处于社会期望落差状态的企业的问题搜索动机和注意力配置情况，而冗余资源的保障作用会正向影响处于社会期望落差状态的企业的问题搜索动机和注意力配置情况，最终导致了模糊的作用效果。由此，假设 5f 得到验证。此外，从表 6-2 中列（2）和列（3）的回归结果可以看出，无论是潜在冗余还是未沉淀冗余，对社会期望落差与企业资产剥离决策之间关系的调节作用都是不显著的。列（4）的回归结果则表明，沉淀冗余发挥了显著负向的调节作用，其交乘项系数为 –1.483，在 10% 水平上显著。也就是说，沉淀冗余对处于社会期望落差状态的企业而言，会发挥缓冲作用，其在一定程度上缓解了企业面对社会期望落差时进行问题搜索的压力，进而导致这类企业实施了更少的资产剥离交易。

表 6-2 中列（5）至列（8）报告了冗余资源对社会期望落差与企业资产剥离强度之间关系影响的回归结果。列（5）的回归结果表明，企业整体的冗余资源并未对社会期望落差与企业资产剥离强度之间的关系起显著的调节作用。由此，假设 5f 进一步得到验证。此外，潜在冗余、未沉淀冗余及沉淀冗余，均未能对社会期望落差与企业资产剥离强度之间的关系产生显著的调节作用。

表 6-3 中列（1）至列（4）报告了处于历史期望落差状态的成熟期企业的资产剥离选择情况。表 6-3 中列（2）和列（4）的回归结果显示，历史期望落差与成熟期企业的交乘项 $HAG \times mature$ 系数分别为 0.947 和 0.073，均在 5% 的水平上显著。这一结果表明，面对历史期望落差，成熟期企业实施的资产剥离交易更多，其剥离资产的强度也更大。这可能是因为：尽管成熟期企业拥有丰富的企业资源，但是这类企业也面临着更激烈的市场竞争，因此在面对历史期望落差时，这类企业更可能利用资源优势的保障作用，积极搜索改善企业绩效的解决方案。并且，资源优势使这类企业更有底气，其在评估解决方案过程中，会将更多的注意力集中在解决方案对改善企业绩效产生的积极影响上，而对相应的风险关注较少，这会进一步导致这类企业更愿意接受并实施资产剥离交易。由此，假设 6a 得到

验证。

表 6-3 中列（5）至列（8）报告了处于社会期望落差状态的成熟期企业的资产剥离选择情况。从表 6-3 中列（6）和列（8）的回归结果可以看出，社会期望落差与成熟期企业的交乘项 $IAG \times mature$ 系数分别为 0.778 和 0.062，分别在 10% 和 5% 的水平上显著。这一结果表明，成熟期企业在面对社会期望落差时，会实施显著更多的资产剥离交易。这可以解释为：成熟期企业资源较为丰富，且面临的竞争压力也较大，使这类企业在面对社会期望落差时，能充分发挥资源优势的保障作用，为其问题搜索"保驾护航"。丰富的资源能为这类企业提供支持，使这类企业在进行问题搜索寻找令人满意的解决方案过程中，会更具探索性，相应地，其在决定是否剥离资产时，也更可能关注资产剥离的绩效改善作用而更少关注伴生的风险，因此，这类企业更愿意接受并实施资产剥离交易。由此，假设 6b 得到验证。

表 6-3　期望落差、生命周期与企业资产剥离选择

变量	（1）divest	（2）divest	（3）divest_power	（4）divest_power	（5）divest	（6）divest	（7）divest_power	（8）divest_power
$HAG \times mature$	0.957**（0.028）	0.947**（0.029）	0.073**（0.014）	0.073**（0.013）				
$IAG \times mature$					0.863**（0.045）	0.778*（0.070）	0.068**（0.019）	0.062**（0.030）
Controls	Yes	Yes	Yes	Yes	Yes	Yes	Yes	Yes
Year/Ind	No	Yes	No	Yes	No	Yes	No	Yes
_cons	−1.231***（0.000）	−1.287***（0.000）	−0.027*（0.074）	−0.022（0.249）	−1.483***（0.000）	−1.618***（0.000）	−0.043***（0.005）	−0.042**（0.024）
N	28288	28288	28288	28288	28288	28288	28288	28288
pseudo R^2	0.046	0.057	0.211	0.258	0.051	0.062	0.233	0.281

注：括号内为 p 值，***、**、* 分别表示 1%、5%、10% 的显著性水平。
资料来源：笔者整理。

总的来说，从表 6-1 至表 6-3 的回归结果可以看出，组织资源在调节期望落差与企业资产剥离选择之间关系的过程中确实发挥了一定的作用，但是，这种作用并非完全同质的，需要结合特定的情境加以分析，才能更好地理解组织资源对这一过程的作用效果。

二、期望落差、组织经验与企业资产剥离选择

根据前述研究假设，本书分别构造了历史期望落差与企业资产剥离经验的交乘项 $HAG \times experience$ 和社会期望落差与企业资产剥离经验的交乘项 $IAG \times experience$，再对模型（4–11）和模型（4–12）进行回归，检验组织经验对期望落差与企业资产剥离决策（企业资产剥离强度）之间关系的影响。

表 6–4 中列（1）至列（4）报告了资产剥离经验对历史期望落差与企业资产剥离决策（企业资产剥离强度）之间关系影响的回归结果。表 6–4 中列（1）至列（4）的回归结果显示，历史期望落差与企业资产剥离经验的交乘项 $HAG \times experience$ 系数为负，但是，其在统计上并不显著。这一结果表明，丰富的资产剥离经验并未显著调节历史期望落差与企业资产剥离选择之间的关系。这可能是因为：一方面，资产剥离经验的积累在一定程度上有助于企业更全面地认识并顺利推进资产剥离交易的实施，并形成对企业资产剥离交易的合法性认识，这会增加这类企业成功剥离资产的信心。在这种情况下，资产剥离经验丰富的企业面对历史期望落差，在决定是否剥离资产时，会将注意力更多地集中于资产剥离的绩效改善效果，从而增加了其剥离资产的可能性。另一方面，处于历史期望落差状态的企业所面对的是特定的绩效情境，这又会导致企业管理层对之前的资产剥离经验的适用性和有效性产生担忧，这就致使这类企业可能会更关注资产剥离带来的风险，从而负向影响了这类企业的资产剥离倾向。在这两种作用机制的共同影响下，最终导致了先前的资产剥离经验对历史期望落差与企业资产剥离决策（企业资产剥离强度）之间关系产生模糊的作用效果。

表 6–4　期望落差、剥离经验与企业资产剥离选择

变量	（1） divest	（2） divest	（3） divest_ power	（4） divest_ power	（5） divest	（6） divest	（7） divest_ power	（8） divest_ power
$HAG \times experience$	−0.308 （0.492）	−0.309 （0.488）	−0.023 （0.284）	−0.021 （0.312）				
$IAG \times experience$					−1.870*** （0.000）	−1.817*** （0.000）	−0.094*** （0.000）	−0.089*** （0.000）
Controls	Yes	Yes	Yes	Yes	Yes	Yes	Yes	Yes

续表

变量	（1）	（2）	（3）	（4）	（5）	（6）	（7）	（8）
	divest	*divest*	*divest_power*	*divest_power*	*divest*	*divest*	*divest_power*	*divest_power*
Year/Ind	No	Yes	No	Yes	No	Yes	No	Yes
_cons	−1.063***	−1.052***	−0.008	0.001	−1.334***	−1.389***	−0.024*	−0.019
	（0.000）	（0.000）	（0.570）	（0.932）	（0.000）	（0.000）	（0.075）	（0.263）
N	28288	28288	28288	28288	28288	28288	28288	28288
pseudo R^2	0.140	0.149	0.548	0.584	0.144	0.152	0.564	0.601

注：括号内为 p 值，***、**、* 分别表示 1%、5%、10% 的显著性水平。

资料来源：笔者整理。

表 6-4 中列（5）至列（8）报告了资产剥离经验对社会期望落差与企业资产剥离决策（企业资产剥离强度）之间关系影响的回归结果。与列（2）和列（4）的回归结果不同，列（6）和列（8）的回归结果显示，社会期望落差与企业资产剥离经验的交乘项 $IAG \times experience$ 系数均在 1% 的水平上显著为负，其回归系数分别为 −1.817 和 −0.089。这一结果表明，丰富的资产剥离经验显著负向调节了社会期望落差与企业资产剥离决策（企业资产剥离强度）之间的正相关关系。这可能是因为：面对社会期望落差这种特定的绩效情境，资产剥离经验越丰富的企业在决定是否剥离资产的过程中，越会担忧将之前的资产剥离经验转移到当下的资产剥离实践中是否适用、是否能发挥效果，从而导致这类企业高度关注资产剥离可能伴生的风险，进而负向影响了这类企业的资产剥离积极性，致使这类企业更不愿意接受资产剥离这一饱含风险的解决方案。

三、期望落差、公司治理特征与企业资产剥离选择

根据前述研究假设，本书分别构造了历史期望落差与 CEO 过度自信的交乘项 $HAG \times overconfidence$ 及社会期望落差与 CEO 过度自信的交乘项 $IAG \times overconfidence$，再对模型（4-11）和模型（4-12）进行回归，检验公司治理特征对期望落差与企业资产剥离决策（企业资产剥离强度）之间关系的影响。

表 6-5 中列（1）至列（4）报告了 CEO 过度自信对历史期望落差与企业资

产剥离决策（企业资产剥离强度）之间关系影响的回归结果。表 6–5 的列（2）和列（4）中历史期望落差与 CEO 过度自信的交乘项 HAG × overconfidence 系数为负，但在统计上并不显著。这一结果表明，CEO 过度自信并未显著调节历史期望落差与企业资产剥离决策（企业资产剥离强度）之间的关系。这可以解释为：面对历史期望落差，过度自信的 CEO 更倾向将历史期望落差归因于外部环境的不利变化，而非企业的战略、经营决策存在问题，从而导致这类企业进行问题搜索的动机不足，更不愿意做出改变，相应地，其资产剥离情况也未发生显著变化。

表 6–5　期望落差、CEO 过度自信与企业资产剥离选择

变量	（1） divest	（2） divest	（3） divest_ power	（4） divest_ power	（5） divest	（6） divest	（7） divest_ power	（8） divest_ power
HAG × overconfidence	−0.405 （0.432）	−0.415 （0.429）	−0.031 （0.351）	−0.033 （0.337）				
IAG × overconfidence					1.855*** （0.006）	1.957*** （0.004）	0.115*** （0.007）	0.124*** （0.004）
Controls	Yes	Yes	Yes	Yes	Yes	Yes	Yes	Yes
Year/Ind	No	Yes	No	Yes	No	Yes	No	Yes
_cons	−1.325*** （0.000）	−1.401*** （0.000）	−0.034** （0.028）	−0.029 （0.126）	−1.538*** （0.000）	−1.674*** （0.000）	−0.047*** （0.002）	−0.046** （0.014）
N	28288	28288	28288	28288	28288	28288	28288	28288
pseudo R^2	0.047	0.058	0.213	0.261	0.051	0.062	0.233	0.282

注：括号内为 p 值，***、**、* 分别表示 1%、5%、10% 的显著性水平。
资料来源：笔者整理。

表 6–5 中列（5）至列（8）报告了 CEO 过度自信对社会期望落差与企业资产剥离决策（企业资产剥离强度）之间关系影响的回归结果。从表 6–5 中列（6）和列（8）的回归结果可以看出，社会期望落差与 CEO 过度自信的交乘项 IAG × overconfidence 系数均在 1% 的水平上显著为正（1.957，$p<0.01$；0.124，$p<0.01$）。这一结果表明，CEO 过度自信会显著正向调节社会期望落差与企业资产剥离决策（企业资产剥离强度）之间的关系。这可以解释为：相比处于历史期望落差状态，处于社会期望落差状态的企业很难将社会期望落差的出现归咎于外部的不利因素，因为同一行业内的企业面对的外部环境具有高度相似性。因此，在面对社会期望落差时，企业

管理者改善企业绩效的压力会更大。而过度自信的 CEO 对自身能力充满信心，会乐观预计组织行动的结果。当面对社会期望落差时，这类企业往往会更积极地进行问题搜索，寻找改善企业绩效的解决方案，并且，其在评估解决方案的过程中，会更关注解决方案对改善企业绩效发挥的作用，而对相应的风险关注度较低。因此，这类企业在决定是否剥离资产时，会将注意力更多地配置在资产剥离对改善企业绩效产生的积极影响上，进而导致这类企业更愿意接受资产剥离这一解决方案，并实施更多的资产剥离交易。由此，假设 8b 得到验证。

四、期望落差、破产风险与企业资产剥离选择

根据前述研究假设，本书分别构造了历史期望落差与企业破产风险的交乘项 $HAG \times z\_index$、社会期望落差与企业破产风险的交乘项 $IAG \times z\_index$，再对模型（4–11）和模型（4–12）进行回归，检验破产风险对期望落差与企业资产剥离决策（企业资产剥离强度）之间关系的影响。

表 6–6 中列（1）至列（4）报告了破产风险对历史期望落差与企业资产剥离决策（企业资产剥离强度）之间关系影响的回归结果。从表 6–6 的回归结果可以看出，列（2）和列（4）中历史期望落差与企业破产风险的交乘项 $HAG \times z\_index$ 系数在统计上并不显著。这一结果表明，破产风险对历史期望落差与企业资产剥离决策（企业资产剥离强度）之间关系并未产生显著的影响。这可能是因为：一方面，处于历史期望落差状态的企业同时面临严重的破产威胁时，这类企业往往会"背水一战"，积极进行问题搜索，寻找改善企业绩效的解决方案。因为这类企业相信，"穷则变，变则通，通则久"。只有主动改变，才能找到生机。因此，这类企业在作出是否剥离资产的决定时，更关注资产剥离在改善企业绩效过程中发挥的积极作用，从而导致其更愿意接受并实施资产剥离交易。另一方面，处于历史期望落差状态的企业在面对更严重的破产威胁时，其注意力会从改善企业绩效转移到确保企业生存上。这就会导致这类企业的行动更加僵化，其更不愿意做出任何改变。因为任何改变都可能带来风险，从而威胁企业的生存。在这种情况下，这类企业更不愿意剥离资产。在这两种作用机制的共同影响下，导致了破产风险对历史期望落差与企业资产剥离决策（企业资产剥离强度）之间关系的模糊影响。

表6-6 期望落差、破产风险与企业资产剥离选择

变量	（1）	（2）	（3）	（4）	（5）	（6）	（7）	（8）
	divest	divest	divest_ power	divest_ power	divest	divest	divest_ power	divest_ power
HAG×z_ index	0.526 （0.233）	0.608 （0.174）	0.017 （0.559）	0.024 （0.407）				
IAG×z_ index					−0.897** （0.049）	−0.861* （0.062）	−0.079*** （0.008）	−0.074** （0.012）
Controls	Yes	Yes	Yes	Yes	Yes	Yes	Yes	Yes
Year/Ind	No	Yes	No	Yes	No	Yes	No	Yes
_cons	−1.139*** （0.000）	−1.172*** （0.000）	−0.021 （0.167）	−0.014 （0.446）	−1.435*** （0.000）	−1.594*** （0.000）	−0.040*** （0.009）	−0.041** （0.029）
N	28288	28288	28288	28288	28288	28288	28288	28288
pseudo R^2	0.046	0.057	0.211	0.258	0.051	0.062	0.233	0.281

注：括号内为 p 值，***、**、* 分别表示 1%、5%、10% 的显著性水平。

资料来源：笔者整理。

表 6-6 中列（5）至列（8）报告了破产风险对社会期望落差与企业资产剥离决策（企业资产剥离强度）之间关系影响的回归结果。从表 6-6 中列（6）和列（8）的回归结果可以看出，社会期望落差与企业破产风险的交乘项 $HAG×z\_index$ 系数分别为 −0.861 和 −0.074，分别在 10% 和 5% 的水平上显著。这一结果表明，企业破产风险对社会期望落差与企业资产剥离决策（企业资产剥离强度）之间的关系产生了显著的负向调节作用。也就是说，处于社会期望落差状态的企业面对更高的破产风险时，注意力会从改善企业绩效转移到确保企业生存上。因此，这类企业更可能表现出僵化的特征。由于对组织行动可能带来的风险高度敏感，这类企业往往不愿意实施资产剥离这一饱含风险的方案。由此，假设 9b 得到验证。

回顾本节内容可以看到，内部情境因素确实会通过影响企业的问题搜索动机和注意力配置情况对期望落差与企业资产剥离决策（企业资产剥离强度）之间的关系产生影响。其中，组织资源方面，冗余资源并未显著影响期望落差与企业资产剥离选择之间的关系。但是，成熟期企业由于具有资源优势，并面临巨大的竞争压力，其资源优势往往会发挥保障作用，使这类企业在面对期望落差时，会积极剥离资产。组织经验方面，先前的资产剥离经验对历史期望落差与企业资产剥离决策（企业资产剥离强度）之

间的关系并未发挥显著的调节作用。但是，先前的资产剥离经验会负向调节社会期望落差与企业资产剥离决策（企业资产剥离强度）之间的关系。公司治理特征方面，CEO 过度自信对历史期望落差与企业资产剥离决策（企业资产剥离强度）之间的关系不产生显著影响。但是，CEO 过度自信会正向调节社会期望落差与企业资产剥离决策（企业资产剥离强度）之间的关系。破产风险方面，破产风险会对社会期望落差与企业资产剥离决策（企业资产剥离强度）之间的关系起负向调节作用，但对历史期望落差与企业资产剥离决策（企业资产剥离强度）之间的关系不产生显著影响。

第二节　外部情境因素

一、期望落差、企业经营环境与企业资产剥离选择

根据前述研究假设，本节分别构造了历史期望落差与行业竞争程度的交乘项 $HAG \times hhi$、社会期望落差与行业竞争程度的交乘项 $IAG \times hhi$，历史期望落差与环境丰腴度的交乘项 $HAG \times er$、社会期望落差与环境丰腴度的交乘项 $IAG \times er$，历史期望落差与环境动荡性的交乘项 $HAG \times eu$、社会期望落差与环境动荡性的交乘项 $IAG \times eu$，再对模型（4–11）和模型（4–12）进行回归，检验企业经营环境对期望落差与企业资产剥离决策（企业资产剥离强度）之间关系的影响。

表 6–7 中列（1）至列（4）报告了行业竞争程度对历史期望落差与企业资产剥离决策（企业资产剥离强度）之间关系影响的回归结果。从表 6–7 中列（2）和列（4）的回归结果可以看出，历史期望落差与行业竞争程度的交乘项 $HAG \times hhi$ 系数在 5% 的水平上显著为负，回归系数分别为 –4.439 和 –0.334。由于行业竞争程度是一个反向指标，因此这一结果表明，行业竞争程度显著正向调节了历史期望落差与企业资产剥离决策（企业资产剥离强度）之间的关系，即处于历史期望落差状态的企业面对更激烈的行业竞争时，更可能作出剥离资产的决策，其剥离资产的强度也更大。这是由于行业竞争程度会影响企业管理者对绩效的认知（Cho et al.，2016；Iriyama et al.，2016），从而影响这类企业的注意力配置情况并作用于之后的资产剥离选择。行业竞争越激烈，企业面临期望落差状态时，感知到的绩效改善压力越大，这就促使处于历史期望落差状态的企业更加积极地进

行问题搜索，并且，其在决定是否剥离资产的过程中，会将注意力更多地配置在资产剥离对改善企业绩效发挥的积极作用上，从而导致这类企业实施了更多的资产剥离交易。由此，假设 10a 得到验证。

表 6-7 期望落差、行业竞争程度与企业资产剥离选择

变量	（1）divest	（2）divest	（3）divest_power	（4）divest_power	（5）divest	（6）divest	（7）divest_power	（8）divest_power
HAG × hhi	−4.209**（0.034）	−4.439**（0.029）	−0.318**（0.015）	−0.334**（0.011）				
IAG × hhi					−4.513**（0.016）	−4.633**（0.018）	−0.316***（0.006）	−0.313**（0.010）
Controls	Yes	Yes	Yes	Yes	Yes	Yes	Yes	Yes
Year/Ind	No	Yes	No	Yes	No	Yes	No	Yes
_cons	−1.283***（0.000）	−1.356***（0.000）	−0.031**（0.044）	−0.026（0.171）	−1.539***（0.000）	−1.693***（0.000）	−0.047***（0.002）	−0.046**（0.013）
N	28288	28288	28288	28288	28288	28288	28288	28288
pseudo R^2	0.046	0.057	0.210	0.258	0.051	0.062	0.233	0.282

注：括号内为 p 值，***、**、* 分别表示 1%、5%、10% 的显著性水平。
资料来源：笔者整理。

表 6-7 中列（5）至列（8）报告了行业竞争程度对社会期望落差与企业资产剥离决策（企业资产剥离强度）之间关系影响的回归结果。从表 6-7 中列（6）和列（8）的回归结果可以看出，社会期望落差与行业竞争程度的交乘项 IAG × hhi 系数分别为 −4.633 和 −0.313，均在 5% 的水平上显著。这一结果表明，行业竞争程度正向调节了社会期望落差与企业资产剥离决策（企业资产剥离强度）之间的关系，即处于社会期望落差状态的企业面对更激烈的行业竞争时，会实施更多的资产剥离交易。这可以解释为：随着行业竞争越发激烈，处于社会期望落差状态的企业感知到的绩效改善压力随之增大，从而促使这类企业更加积极地开展问题搜索，并且这类企业在评估解决方案的过程中，会更多地关注解决方案对改善企业绩效的帮助，更少关注相应的风险，因此这类企业更愿意接受并实施资产剥离交易。由此，假设 10b 得到验证。

表 6-8 中列（1）至列（4）报告了环境丰腴度对历史期望落差与企业资产剥离决策（企业资产剥离强度）之间关系影响的回归结果。从表 6-8 中列（2）和列（4）的回归结果可以看出，历史期望落差与环境丰腴度的交乘项 $HAG \times er$ 系数分别在 10% 和 5% 的水平上显著为负，其回归系数分别为 −0.745 和 −0.001。这一结果表明，环境丰腴度对历史期望落差与企业资产剥离决策（企业资产剥离强度）之间的关系产生了显著负向的调节作用。也就是说，丰腴的市场环境为处于历史期望落差状态的企业提供了更多的资源和机会，这在一定程度上缓冲了这类企业进行问题搜索的压力，并影响了其注意力配置情况，即这类企业在作出是否剥离资产的决定时，更可能将注意力均衡地配置在企业资产剥离的积极影响和消极影响上，进而导致这类企业接受并实施资产剥离交易的可能性更小。由此，假设 11a 得到验证。

表 6-8　期望落差、环境丰腴度与企业资产剥离选择

变量	（1） divest	（2） divest	（3） divest_power	（4） divest_power	（5） divest	（6） divest	（7） divest_power	（8） divest_power
$HAG \times er$	−0.817* （0.074）	−0.745* （0.077）	−0.001** （0.039）	−0.001** （0.037）				
$IAG \times er$					−1.005* （0.058）	−0.871* （0.094）	−0.001** （0.024）	−0.001** （0.043）
Controls	Yes	Yes	Yes	Yes	Yes	Yes	Yes	Yes
Year/Ind	No	Yes	No	Yes	No	Yes	No	Yes
_cons	−1.257*** （0.000）	−1.326*** （0.000）	−0.029* （0.057）	−0.024 （0.200）	−1.510*** （0.000）	−1.630*** （0.000）	−0.045*** （0.003）	−0.043** （0.023）
N	28288	28288	28288	28288	28288	28288	28288	28288
pseudo R^2	0.046	0.057	0.212	0.260	0.051	0.062	0.233	0.282

注：括号内为 p 值，***、**、* 分别表示 1%、5%、10% 的显著性水平。

资料来源：笔者整理。

表 6-8 中列（5）至列（8）报告了环境丰腴度对社会期望落差与企业资产剥离决策（企业资产剥离强度）之间关系影响的回归结果。从表 6-8 中列（6）和列（8）的回归结果可以看出，社会期望落差与环境

丰腴度的交乘项 $IAG \times er$ 系数分别在 10% 和 5% 的水平上显著为负，其回归系数分别为 –0.871 和 –0.001。这一结果表明，环境丰腴度对社会期望落差与企业资产剥离决策（企业资产剥离强度）之间的关系产生了显著负向的调节作用。也就是说，当环境丰腴度更高时，外部市场为企业发展提供了更多的机会及资源，这会在一定程度上缓解社会期望落差触发的绩效改善压力，从而导致这类企业进行问题搜索和重新配置注意力的动机下降，并进一步使这类企业更少地作出资产剥离选择。由此，假设 11d 得到验证。

表 6-9 中列（1）至列（4）报告了环境动荡性对历史期望落差与企业资产剥离决策（企业资产剥离强度）之间关系影响的回归结果。

表 6-9　期望落差、环境动荡性与企业资产剥离选择

变量	（1）divest	（2）divest	（3）divest_power	（4）divest_power	（5）divest	（6）divest	（7）divest_power	（8）divest_power
$HAG \times eu$	−0.003 （0.751）	−0.002 （0.888）	−0.000 （0.862）	−0.000 （0.977）				
$IAG \times eu$					−0.000 （0.988）	0.001 （0.927）	0.000 （0.879）	0.000 （0.829）
Controls	Yes	Yes	Yes	Yes	Yes	Yes	Yes	Yes
Year/Ind	No	Yes	No	Yes	No	Yes	No	Yes
_cons	−1.214*** （0.000）	−1.245*** （0.000）	−0.027* （0.084）	−0.020 （0.307）	−1.448*** （0.000）	−1.553*** （0.000）	−0.041*** （0.008）	−0.038** （0.044）
N	28288	28288	28288	28288	28288	28288	28288	28288
pseudo R^2	0.046	0.057	0.209	0.256	0.051	0.062	0.232	0.280

注：括号内为 p 值，***、**、* 分别表示 1%、5%、10% 的显著性水平。

资料来源：笔者整理。

从表 6-9 的回归结果可以看出，历史期望落差与环境动荡性的交乘项 $HAG \times eu$ 系数在统计上并不显著。这一结果表明，环境动荡性并未对历史期望落差与企业资产剥离决策（企业资产剥离强度）之间的关系产生显著影响。这可能是因为：一方面，动荡的市场环境可能会带来"重新洗牌"的机会，为了掌握主动权，形成新的竞争优势，处于历史期望落差状态的企业可能会更积极地进行问题搜索，以抓住这些发展机会，实现与环境的最优匹配。在这种情况下，这类企业在评估解决方案的可行性时，会更关注解决方案对改善企业绩效发挥的积极作用，从而导致这类企业更愿意接受并实施资产剥离交易。另一方面，环境动荡性越高，意味着企业面临的不确定性越大。根据实物期权理论，在不确定性更大的情况下，企业"等待"的价值是最高的。从这一视角出发，处于历史期望落差状态的企业在面对动荡的市场环境时，注意力会转移到避免组织行动可能带来的风险方面，在这种情况下，这类企业往往更不愿意剥离资产。在这两种作用机制的共同影响下，环境动荡性对历史期望落差与企业资产剥离选择之间的关系产生了模糊的影响。由此，假设12c得到验证。

表6-9中列（5）至列（8）报告了环境动荡性对社会期望落差与企业资产剥离决策（企业资产剥离强度）之间关系影响的回归结果。从表6-9中社会期望落差与环境动荡性的交乘项 $IAG \times eu$ 系数和显著性情况可以看出，环境动荡性对社会期望落差与企业资产剥离选择之间的关系也未产生显著影响。这可能是因为：一方面，出于"以变应万变"的心理，面对动荡的环境，处于社会期望落差状态的企业会积极进行问题搜索并采取行动，以抓住先机，在市场上占据有利地位。在这种情况下，这类企业对组织行动改善企业绩效发挥的积极影响更加关注，从而导致这类企业更愿意接受并实施资产剥离这一能有效改善企业绩效的解决方案。另一方面，根据实物期权理论，环境动荡性导致企业面临的不确定性加大，此时延迟决策更受青睐。在这种情况下，企业对组织行动可能带来的风险高度敏感。因此，处于社会期望落差状态的企业开展问题搜索的动机会随之下降，这会进一步导致这类企业更不愿意接受资产剥离这一饱含风险的解决方案。在这两种相反的作用机制下，环境动荡性对社会期望落差与企业资产剥离选择之间的关系产生了模糊的影响。由此，假设12f得到验证。

二、期望落差、区域风险文化与企业资产剥离选择

根据前述研究假设，本书分别构造了历史期望落差与人均风险资产投资额的交乘项 $HAG \times r\_culture$、社会期望落差与人均风险资产投资额的交乘项 $IAG \times r\_culture$，再对模型（4-11）和模型（4-12）进行回归，检验风险文化对期望落差与企业资产剥离决策（企业资产剥离强度）之间关系的

影响。

表6-10中列（1）至列（4）报告了人均风险资产投资额对历史期望落差与企业资产剥离决策（企业资产剥离强度）之间关系影响的回归结果。从表6-10的回归结果可以看出，历史期望落差与人均风险资产投资额的交乘项 $HAG \times r\_culture$ 系数在统计上并不显著。这一结果表明，当地的风险文化对历史期望落差与企业资产剥离决策（企业资产剥离强度）之间的关系并未产生显著影响。这可能是因为：受浓厚的风险文化氛围影响，企业管理者会更加乐观地评估当前的经营状况。因此，在面对历史期望落差时，其往往会将历史期望落差的出现归咎于外部环境的不利变化，而非企业决策存在问题。并且，这类企业会乐观地预计外部环境的不利变化将得到好转，导致其进行问题搜索的动机不强，相应地，其资产剥离意愿不高，最终导致其资产剥离选择未发生显著变化。

表6-10　期望落差、区域风险文化与企业资产剥离选择

变量	（1）	（2）	（3）	（4）	（5）	（6）	（7）	（8）
	divest	divest	divest_ power	divest_ power	divest	divest	divest_ power	divest_ power
$HAG \times r\_culture$	0.283 （0.282）	0.357 （0.181）	0.016 （0.372）	0.020 （0.262）				
$IAG \times r\_culture$					0.641** （0.010）	0.638** （0.010）	0.037** （0.026）	0.037** （0.025）
Controls	Yes	Yes	Yes	Yes	Yes	Yes	Yes	Yes
Year/Ind	No	Yes	No	Yes	No	Yes	No	Yes
_cons	−1.223*** （0.000）	−1.508*** （0.000）	−0.027* （0.078）	−0.036* （0.088）	−1.421*** （0.000）	−1.797*** （0.000）	−0.040** （0.010）	−0.054** （0.011）
N	28288	28288	28288	28288	28288	28288	28288	28288
pseudo R^2	0.046	0.057	0.209	0.257	0.051	0.062	0.232	0.282

注：括号内为 p 值，***、**、* 分别表示1%、5%、10% 的显著性水平。
资料来源：笔者整理。

表6-10中列（5）至列（8）报告了人均风险资产投资额对社会期望落差与企业资产剥离决策（企业资产剥离强度）之间关系影响的回归结果。从表6-10中列（6）和列（8）的回归结果可以看出，社会期望落

差与人均风险资产投资额的交乘项 $IAG \times r\_culture$ 系数均在 5% 的水平上正向显著，其回归系数分别为 0.638 和 0.037。这一结果表明，风险文化会显著正向调节社会期望落差与企业资产剥离决策（企业资产剥离强度）之间的关系。这可以解释为：一方面，由于同行业企业面临的外部环境高度相似，企业很难将社会期望落差归咎于外部环境的不利变化；另一方面，位于风险文化氛围更浓厚地区的企业拥有更高的风险偏好。因此，这类企业在面对社会期望落差时，会更积极地开展问题搜索并加以行动，且在这一过程中，这类企业往往会更加乐观地预计组织行动的结果。这就导致其在作出是否剥离资产的决定时，将注意力更多地配置在资产剥离对改善企业绩效产生的积极影响上，而在一定程度上忽略了资产剥离可能的风险，因此，这类企业会更加积极地剥离资产。由此，假设 13b 得到验证。

三、期望落差、中介市场发展与企业资产剥离选择

根据前述研究假设，本书分别构造了历史期望落差与中介市场发育程度得分的交乘项 $HAG \times intermediary$、社会期望落差与中介市场发育程度得分的交乘项 $IAG \times intermediary$，再对模型（4-11）和模型（4-12）进行回归，检验中介市场发展对期望落差与企业资产剥离决策（企业资产剥离强度）之间关系的影响。

表 6-11 中列（1）至列（4）报告了中介市场发展对历史期望落差与企业资产剥离决策（企业资产剥离强度）之间关系影响的回归结果。从表 6-11 的回归结果可以看出，历史期望落差与中介市场发育程度得分的交乘项 $HAG \times intermediary$ 系数在统计上并不显著。这一结果表明，中介市场发育情况并不会对历史期望落差与企业资产剥离决策（企业资产剥离强度）之间的关系产生显著影响。这可能是因为：位于中介市场发育程度更高地区的企业在面对历史期望落差时，更可能将历史期望落差的出现归咎于外部环境的不利变化，而非自身的战略、经营决策存在问题。因为它们坚信，在中介机构的"帮助"下，企业当前的战略、经营决策是有效的，因此，这类企业往往不愿意开展问题搜索，相应地，其也不愿意做出改变，这就进一步导致其剥离资产的情况未发生显著变化。

表 6-11　期望落差、中介市场发展与企业资产剥离选择

变量	（1）	（2）	（3）	（4）	（5）	（6）	（7）	（8）
	divest	divest	divest_ power	divest_ power	divest	divest	divest_ power	divest_ power
HAG × intermediary	0.035 （0.466）	0.049 （0.308）	0.002 （0.508）	0.003 （0.354）				
IAG × intermediary					0.097** （0.045）	0.105** （0.030）	0.006* （0.082）	0.006* （0.054）
Controls	Yes	Yes	Yes	Yes	Yes	Yes	Yes	Yes
Year/Ind	No	Yes	No	Yes	No	Yes	No	Yes
_cons	−1.222*** （0.000）	−1.353*** （0.000）	−0.027* （0.080）	−0.025 （0.173）	−1.453*** （0.000）	−1.664*** （0.000）	−0.041*** （0.007）	−0.045** （0.017）
N	28288	28288	28288	28288	28288	28288	28288	28288
pseudo R^2	0.046	0.057	0.211	0.257	0.051	0.062	0.234	0.282

注：括号内为 p 值，***、**、* 分别表示 1%、5%、10% 的显著性水平。

资料来源：笔者整理。

表 6-11 中列（5）至列（8）报告了中介市场发展对社会期望落差与企业资产剥离决策（企业资产剥离强度）之间关系影响的回归结果。从表 6-11 中列（6）和列（8）的回归结果可以看出，社会期望落差与中介市场发育程度得分的交乘项 IAG × intermediary 系数分别在 5% 和 10% 的水平上正向显著，其回归系数分别为 0.105 和 0.006。这一结果表明，中介市场发展会显著正向调节社会期望落差与企业资产剥离决策（企业资产剥离强度）之间的关系。这可能是因为：一方面，面对社会期望落差，企业很难将其归咎于外部环境的不利变化，因为同行业企业面临的外部环境具有高度一致性；另一方面，中介机构通过反复参与同一类型的市场交易，积累了丰富的经验，因此，中介机构能在企业进行市场交易的过程中为其提供专业、有效的意见，进而增加企业交易的信心。并且，发达的中介市场使身处其中的企业能更便捷且低成本地获取相应的中介服务。同时，蓬勃发展的中介市场也能起到规范市场秩序的作用，这对企业交易的顺利实施有重要意义。因此，位于中介市场发展更完善地区的企业面对社会期望落差状态，其开展问题搜索并加以行动时更有信心。在这种情况下，这类企业决定是否剥离资产时，会更大程度地将注意力集中于资产剥离带来的业绩改善效果而忽略伴随的风险，从而导致其实施了更多的资产剥离交易。由此，假设 14b 得到验证。

四、期望落差、政策不确定性与企业资产剥离选择

根据前述研究假设，本书分别构造了历史期望落差与政策不确定性的交乘项 $HAG \times uncertainty$、社会期望落差与政策不确定性的交乘项 $IAG \times uncertainty$，再对模型（4-11）和模型（4-12）进行回归，检验政策不确定性对期望落差与企业资产剥离选择（企业资产剥离强度）之间关系的调节作用。

表 6-12 中列（1）至列（4）报告了政策不确定性对历史期望落差与企业资产剥离选择（企业资产剥离强度）之间关系影响的回归结果。

表 6-12　期望落差、政策不确定性与企业资产剥离选择

变量	（1）divest	（2）divest	（3）divest_power	（4）divest_power	（5）divest	（6）divest	（7）divest_power	（8）divest_power
$HAG \times$ uncertainty	0.857**（0.049）	0.837*（0.057）	0.056**（0.047）	0.053*（0.057）				
$IAG \times$ uncertainty					0.403（0.360）	0.365（0.412）	0.020（0.462）	0.016（0.555）
Controls	Yes	Yes	Yes	Yes	Yes	Yes	Yes	Yes
Year/Ind	No	Yes	No	Yes	No	Yes	No	Yes
_cons	−1.253***（0.000）	−1.309***（0.000）	−0.029*（0.059）	−0.023（0.214）	−1.512***（0.000）	−1.646***（0.000）	−0.045***（0.003）	−0.044**（0.018）
N	28288	28288	28288	28288	28288	28288	28288	28288
pseudo R^2	0.046	0.057	0.210	0.257	0.050	0.062	0.231	0.280

注：括号内为 p 值，***、**、* 分别表示 1%、5%、10% 的显著性水平。

资料来源：笔者整理。

从表 6-12 中列（2）和列（4）的回归结果可以看出，历史期望落差与政策不确定性的交乘项 $HAG \times uncertainty$ 系数均在 10% 的水平上显著为正，其回归系数分别为 0.837 和 0.053。这一结果表明，政策不确定性显著正向调节了历史期望落差与企业资产剥离决策（企业资产剥离强度）之间的关系。这可以解释为：更大的政策不确定性增加了企业的经营风险，但是其中也蕴藏了新的发展机会。在这种情况下，适时、适当调整企业的战

略、经营决策能够增加与政策环境的匹配度，提升企业绩效。当企业面对历史期望落差时，由于坚信不确定性更高的政策环境中蕴藏了更多的新机会，这类企业往往会积极进行问题搜索，并在评估解决方案过程中更关注解决方案的绩效改善效果。也就是说，这类企业在决定是否剥离资产时，会将更多的注意力配置在资产剥离对改善企业绩效产生的积极影响上，从而增加了这类企业接受并实施资产剥离交易的概率。由此，假设 15a 得到验证。

表 6–12 中列（5）至列（8）报告了政策不确定性对社会期望落差与企业资产剥离决策（企业资产剥离强度）之间关系影响的回归结果。表 6–12 的回归结果显示，政策不确定性对社会期望落差与企业资产剥离决策（企业资产剥离强度）之间的关系并未产生显著影响。这可能是因为：一方面，更大的政策不确定性使处于社会期望落差状态的企业更愿意积极地进行问题搜索，寻找环境中蕴藏的新机会。因此，这类企业在评估解决方案的过程中，会更多地关注解决方案对改善企业绩效产生的积极影响，进而导致这类企业更愿意接受资产剥离这一解决方案。另一方面，根据实物期权理论，在面对更大的不确定性时，"等待"是最有价值的，组织行动反而可能带来风险。根据这一逻辑，当面对更大的政策不确定性时，处于社会期望落差状态的企业的注意力会更多地配置在避免组织行动可能带来的风险上，从而导致这类企业不愿意实施资产剥离这一饱含风险的交易。在这两种作用机制的共同影响下，政策不确定性对社会期望落差与企业资产剥离选择之间的关系产生了模糊的影响。由此，假设 15f 得到验证。

总的来说，外部情境因素确实会通过影响企业的问题搜索动机和注意力配置情况对期望落差与企业资产剥离决策（企业资产剥离强度）之间的关系产生影响。其中，企业经营环境方面，行业竞争程度正向调节了期望落差与企业资产剥离决策（企业资产剥离强度）之间的关系，环境丰腴度则对期望落差与企业资产剥离决策（企业资产剥离强度）之间的关系产生了显著负向的调节作用，环境动荡性对期望落差与企业资产剥离决策（企业资产剥离强度）之间关系并未产生显著影响。区域风险文化方面，风险文化强化了社会期望落差与企业资产剥离决策（企业资产剥离强度）之间的正相关关系，但对历史期望落差与企业资产剥离决策（企业资产剥离强度）之间的关系并未产生显著影响。中介市场发展方面，中介市场发展对社会期望落差与企业资产剥离决策（企业资产剥离强度）之间的关系产生了显著正向的调节作用，但对历史期望落差与企业资产剥离决策（企业资产剥离强度）之间的关系并未产生显著影响。政策不确定性方面，政策不确定性显著正向调节了历史期望落差与企业资产剥离决策（企业资产剥离强度）之间的关系，但对社会期望落差与企业资产剥离决策（企业资产剥离强度）之间的关系并未产生显著影响。

第七章

研究结论与研究展望

本章的主要内容为研究结论与研究展望。通过回顾前述理论分析与实证检验结果，对相应的研究结论进行总结。再根据所得的研究结论，结合企业实践提出相应的研究启示，并为企业、政府部门及其他利益相关者今后的行动提供理论参考。最后，在此基础上，提出本书可能存在的局限性，并就未来的研究方向进行展望。

第一节　研究结论与研究启示

一、研究结论

根据企业行为理论和企业注意力基础观，本书构建了期望落差与企业资产剥离选择之间的理论联系，并提出相应的研究假设。在此基础上，考虑到期望落差特征可能会影响期望落差状态包含的信息进而影响处于期望落差状态的企业的资产剥离选择，本书进一步考察了期望落差特征对这一过程的影响。此外，参考企业行为理论中影响绩效反馈与组织响应之间关系的边界条件的相关研究，及企业注意力基础观中"情境注意"的重要观点，本书还考察了影响期望落差与企业资产剥离选择之间关系的情境因素，以便更全面地理解处于期望落差状态的企业的资产剥离选择。通过对提出的研究假设进行实证检验，本书得到了以下研究结论。

第一，期望落差确实会影响企业的资产剥离选择。从第五章的基准回归结果可以看出，无论是处于历史期望落差状态的企业还是处于社会期望落差状态的企业，其剥离资产的概率都会显著增加，剥离资产的强度也会显著增加。这些结论与第三章的研究假设一致，即无论是面对历史期望落差还是面对社会期望落差，企业的注意力都会转移到寻找弥补绩效不足的解决方案上，并且，在评估解决方案的过程中，这类企业的注意力会更多地配置在解决方案对改善企业绩效产生的积极影响上，而较少关注相应的风险，因此，这类企业更愿意接受并实施资产剥离这一伴随风险但也能显著改善企业绩效的解决方案。

同时，研究结论还显示，相比处于历史期望落差状态的企业，处于社会期望落差状态的企业实施资产剥离交易的意向更强。这可以解释为：历史期望落差的出现能在一定程度上归咎于外部环境的不利变化，而企业管理者对社会期望落差进行自我服务归因的空间更小。因此，在面对社会期望落差时，焦点企业进行问题搜索，寻找令人满意的解决方案以弥补绩效不足的动力更大。在这一过程中，当决定是否剥离资产时，其会将更多的注意力配置到企业资产剥离对改善企业绩效产生的积极影响上，从而导致处于社会期望落差状态的企业实施资产剥离的概率和强度相比处于历史期望落差状态的企业更大。这一结果在一定程度上表明，企业面对不同类型的期望落差，资产剥离响应程度可能会存在差异。

此外，本书发现，不同的期望落差特征中包含了不同的信息，这会进一步影响企业管理者的问题搜索动机和注意力配置情况，从而改变企业的资产剥离选择。本书分别考察了期望落差一致性、期望落差不一致及期望落差持续性对期望落差与企业资产剥离选择之间关系的影响，并得到了相应的结论。具体而言，当期望落差一致时，即焦点企业同时处于历史期望落差状态和社会期望落差状态时，焦点企业反而实施了更少的资产剥离交易。这可以解释为：当企业面对期望落差一致时，企业的注意力会从改善企业绩效转移到确保企业生存上，在这种情况下，企业会更多地表现出僵化的特征，其会避免一切有风险的行动。并且，回归结果显示，当企业出现历史期望顺差与社会期望落差状态时，企业也会减少资产剥离交易。这与现有研究中的自我提升的说法一致，即企业在面对不一致的绩效反馈结果时，会更多地关注积极的绩效反馈结果，并导致了更少的资产剥离交易。同时，研究结果还显示，期望落差持续性通过引导企业的注意力转移到"生存目标"，削弱了期望落差与企业资产剥离选择之间的正相关关系。

第二，期望落差与企业资产剥离选择之间的关系确实会受到内外部情境因素的影响。这主要是由于不同的情境因素会通过影响处于期望落差状态的企业的问题搜索动机和注意力配置情况，从而对期望落差与企业资产剥离选择之间的关系产生影响。并且，由于历史期望落差与社会期望落差的来源大不相同，影响历史期望落差与企业资产剥离选择之间关系的边界条件和影响社会期望落差与企业资产剥离选择之间关系的边界条件存在一定的差异。具体的研究结论如下。

在内部情境因素方面，本书分别考察了组织资源、组织经验、公司治理特征及破产风险对这一过程的影响。其中，在组织资源方面，尽管现有研究认为，组织资源状况会对期望落差与组织响应之间的关系产生重要影响，但第六章的实证检验结果显示，冗余资源对历史期望落差与企业资产剥离选择之间关系的影响并不显著，并且冗余资源对社会期望落差与企业资产剥离选择之间关系的影响也不显著。同时，研究结果显示，成熟期企业由于具有资源优势且面临更大的竞争压力，在这种情况下，当这类企业面对期望落差时，丰富的资源会成为其积极寻找令人满意的解决方案的保障，也因此，当成熟期企业面对期望落差时，其更愿意接受并实施资产剥离交易。组织经验方面，第六章的回归结果显示，企业先前的资产剥离经验对历史期望落差与企业资产剥离选择之间的关系并未产生显著影响。但是，先前的资产剥离经验会弱化社会期望落差与企业资产剥离选择之间的正相关关系。公司治理特征方面，研究结果表明，尽管 CEO 过度自信对历史期望落差与企业资产剥离选择之间关系不产生显著影响，但 CEO 过度自信通过影响企业的问题搜索动机和注意力配置情况，强化了社会期望落差与企业资产剥离选择之间的正相关关系。最后，对破产风险调节作用的检验结果表明，破产风险会负向调节社会期望落差与企业资产剥离选择之间的关系，但破产风险对历史期望落差与企业资产剥离选择之间的关系并未产生显著的调节作用。

在外部情境因素方面，本书分别考察了企业经营环境、区域风险文化、中介市场发展及政策不确定性对这一过程的影响。研究结果显示，企业经营环境确实会对期望落差与企业资产剥离选择之间的关系产生影响。具体地，行业竞争程度会正向调节期望落差与企业资产剥离选择之间的正相关关系，环境丰腴度则对这一过程具有负向调节作用。但是，实证检验结果并未发现环境动荡性对期望落差与企业资产剥离选择之间关系产生显著影响的证据。区域风险文化方面，对风险文化的调节效应检验结果表明，处于风险文化氛围更浓厚地区的企业在面对社会期望落差时，会实施更多的资产剥离交易。但是，实证检验结果并未发现风险文化对历史期望落差与企业资产剥离选择之间关系产生显著影响的证据。对中介市场发展的调节效应检验结果表明，中介市场发展对历史期望落差与企业资产剥离选择之间的关系并未产生显著影响。但是，中介市场发展强化了社会期望落差与企业资产剥离选择之间的正相关关系。最后，对政策不确定性的调节效应检验结果表明，政策不确定性会正向调节历史期望落差与企业资产剥离选择之间的正相关关系，但政策不确定性并未对社会期望落差与企业资产剥离选择之间的关系产生显著的影响。

总的来说，期望落差与企业资产剥离选择之间关系会受到边界条件的影响。但从实证检验结果能看出，情境因素对历史期望落差与企业资产剥离选择之间关系的影响有时候更模糊，而社会期望落差与企业资产剥离选择之间关系受情境因素的影响更容易找到清晰的作用路径。这可能是由于企业管理者对期望落差的解读不同导致的。历史期望落差的出现能在一定程度上归咎于外部环境的不利变化，而社会期望落差的出现表明，在相似的经营环境下，焦点企业的绩效表现不如同行业其他企业。因此，企业面对历史期望落差时，管理者更可能进行自我服务归因。在自我服务归因与问题搜索的双重作用下，导致了模糊的组织响应结果。

二、研究启示

资产剥离是优化资源配置、化解过剩产能的重要方式。认识并理解企业资产剥离实践，有效引导企业剥离资产，推动企业高质量发展，对实现经济高质量发展具有重要意义。本书以企业行为理论和企业注意力基础观为理论基础，系统分析了期望落差与企业资产剥离选择之间的关系，并考虑了期望落差特征对这一过程的影响。此外，本书还关注了企业所处的内外部情境特征，检验了影响期望落差与企业资产剥离选择之间关系的边界条件，并得到了一系列的研究结论。总的来说，本书的发现为理解期望落差与企业资产剥离选择之间的关系、认识影响期望落差与企业资产剥离选择之间关系的边界条件提供了重要的理论参考，也对处于期望落差状态的企业、政府部门及其他利益相关者今后的决策和行为具有一定的指导意义。

企业在面对历史期望落差和社会期望落差时，会积极进行问题搜索，寻找令人满意的解决方案以弥补绩效不足。并且，这类企业在评估解决方案的过程中，会将注意力更多地配置在解决方案对改善企业绩效产生的积极影响上，进而推动了相应的组织行动，例如本书所关注的企业资产剥离行为。因此，处于期望落差状态的企业在作出战略、经营决策时，需要重视这一过程中注意力配置可能产生的影响，审慎分析当前的经营局面，再进行科学、有效的选择。

不同类型的期望落差与不同特征的期望落差中包含了不同的信息，这会进一步影响组织响应的强度和方向。因此，企业需要审慎地分析期望落差类型及期望落差特征中包含的信息。即企业面对的是历史期望落差还是社会期望落差？是期望落差一致还是期望落差不一致？期望落差的持续情况又如何？在此基础上，努力克服认知偏见，科学、客观地审视企业的经营状况再加以行动。例如，在"问题搜索"过程中找到真正的症结再发起行动，从而更好地"对症下药"，实现弥补绩效不足的目标。同时，这一过程中需要警惕"局部搜索"可能带来的局限性。根据企业行为理论，企业管理者在进行问题搜索时，会在找到一个令人满意的解决方案时停止搜索。但是，很多情况下这一方案并不是最优的。因此，在搜索过程中，有限理性的企业管理者需要在寻找令人满意的解决方案和寻找效用最大化的方案之间找到一个平衡点，以便更有效地改善企业绩效。

企业要重视影响期望落差与组织响应之间关系的边界条件，如本书关注的影响期望落差与企业资产剥离选择之间关系的情境因素。不同的边界条件对期望落差与组织响应之间的关系会产生重要影响，轻则影响组织响应的强度，重则改变组织响应的方向，所以企业在面对期望落差时，要具体分析所处的内外部情境，在此基础上进行问题搜索，再作出相应的决策。

除了企业本身需要关注期望落差与组织响应过程中企业注意力配置及边界条件可能产生的影响，以便更有效地对期望落差做出响应。政府部门和其他利益相关者也应该重视企业注意力配置与边界条件对这一过程的影响，这样才能更全面地理解期望落差与组织响应之间的联系，并在适当的时候进行监督、指导，从而更有效地引导企业对期望落差做出更准确、及时的响应。例如，考虑到边界条件会影响期望落差与组织响应之间的关系，政府部门于制定相应的政策过程中，在保证政策有效性的同时可以尽可能地保证政策的连贯性和稳定性，并在企业发展过程中，积极引导市场经济健康发展、产业结构转型升级、中介市场不断完善、区域文化积极向上，为企业发展提供良好、有序的经营环境。此外，政府部门和其他利益相关者通过对企业进行科学、有效的监督，能在一定程度上缓解管理者偏见对这一过程的过度影响，进而引导企业对期望落差做出更有效的响应，促进企业健康发展。

第二节　研究局限与研究展望

一、研究局限

根据企业行为理论和企业注意力基础观，本书对期望落差与企业资产剥离选择之间的关系进行了系统分析。在此基础上，本书进一步考察了影响期望落差与企业资产剥离选择之间关系的边界条件，并得出了一系列的研究结论，为理解不同情境下我国上市公司面对期望落差时的资产剥离选择提供了理论依据与经验借鉴。但是，本书也存在一定的研究局限，有待进一步完善。

首先，根据企业行为理论，当企业处于期望落差状态时，企业会积极进行问题搜索，寻找令人满意的解决方案，以弥补绩效不足。并且，根据企业注意力基础观，本书认为，为了改善企业绩效，处于期望落差状态的企业在评估解决方案时，其注意力会更多地配置在解决方案对改善企业绩效产生的积极影响上，对相应的风险关注较少，从而导致这类企业更愿意接受并实施资产剥离交易。但是，资产剥离并非处于期望落差状态的企业的唯一选择。并且，由于企业行为理论与企业注意力基础观都是关于企业行为的理论，因此，本书仅关注了企业资产剥离这一行为，并未进一步考察相应的经济后果。而考察这类企业实施资产剥离交易的经济后果，能进一步检验其是否实现了"期望落差—问题搜索、注意力配置—企业资产剥离—绩效改善"的初衷。

其次，本书主要通过理论分析与实证检验的方法探索期望落差与企业资产剥离选择之间的关系，缺少对典型案例的分析。关注典型案例并进行案例分析能在一定程度上更直观地描述这一过程，也有助于从另一个视角理解期望落差与企业资产剥离选择之间的联系。

二、研究展望

本书以企业行为理论和企业注意力基础观为理论基础，通过理论分析与实证检验，探索了期望落差与企业资产剥离选择之间的关系，并得到了一系列的研究结论。尽管研究期望落差与组织响应之间关系的文献并不少见，但关注处于期望落差状态的企业的资产剥离行为的研究十分匮乏，特别是以中国企业为研究样本，因此，这一方向仍有较大的研究空间。

从研究内容方面来看，本书仅关注了期望落差对企业资产剥离选择的影响。事实上，从理论上来说，面对期望落差，企业能以多样化的行动进行响应。那么，处于期望落差状态的企业会如何在资产剥离与其他企业行为之间进行选择？例如，有文献指出，资产剥离是一种有效的融资方式（Lang et al.，1995）。在面对期望落差时，企业是否会在资产剥离与其他的融资方式之间进行选择？同时，重视历史期望落差与社会期望落差之间的差异，考察其对组织响应的不同影响也是今后的研究方向之一。此外，关注期望落差特征与不同的边界条件对期望落差与企业资产剥离选择之间关系的影响仍然有重要的研究价值。

从研究方法方面来看，除了实证检验的方法，综合利用其他方法探索期望落差与企业资产剥离选择之间的关系对更全面地、多视角地理解这一过程有重要意义。例如，利用案例研究、QCA 等方法从其他的角度对期望落差与企业资产剥离选择之间的关系进行解读，对更全面地认识期望落差影响企业资产剥离选择的细节及理解绩效反馈与组织响应的联系意义重大。

参考文献
REFERENCE

［1］陈德球，陈运森．政策不确定性与上市公司盈余管理［J］．经济研究，2018，53（6）：97-111.

［2］陈伟宏，钟熙，蓝海林，等．探索还是防御？ CEO 过度自信与企业战略导向［J］．科学学与科学技术管理，2019，40（5）：17-33.

［3］陈伟宏，钟熙，蓝海林，等．分析师期望落差、CEO 权力与企业研发支出：基于内外治理机制的二次调节作用［J］．研究与发展管理，2020，32（2）：1-10.

［4］陈艳莹，夏一平．社会网络与市场中介组织行为异化：中国省份面板数据的实证研究［J］．中国工业经济，2011（11）：148-157.

［5］杜博士，吕健．官员调整、政绩竞赛与技术创新［J］．科研管理，2022，43（6）：178-185.

［6］傅皓天，于斌，王凯．环境不确定性、冗余资源与公司战略变革［J］．科学学与科学技术管理，2018，39（3）：92-105.

［7］葛菲，连燕玲，贺小刚．消极反馈与高管变更：基于上市公司的数据分析［J］．经济管理，2016，38（1）：38-50.

［8］郭蓉，文巧甜．成功、失败和灰色地带的抉择：业绩反馈与企业适应性战略变革［J］．南开管理评论，2017，20（6）：28-41.

［9］郭伟，郭泽光．资产剥离对企业财务绩效的影响及其作用机制［J］．广东财经大学学报，2020，35（2）：55-67.

［10］郭伟，翟君，郭婧．战略转型视角下的资产剥离与企业价值研

究 [J]. 软科学, 2020, 34 (11): 95-100.

[11] 贺小刚, 邓浩, 吕斐斐, 等. 期望落差与企业创新的动态关系: 冗余资源与竞争威胁的调节效应分析 [J]. 管理科学学报, 2017a, 20 (5): 13-34.

[12] 贺小刚, 连燕玲, 吕斐斐. 期望差距与企业家的风险决策偏好: 基于中国家族上市公司的数据分析 [J]. 管理科学学报, 2016, 19 (8): 1-20.

[13] 贺小刚, 彭屹, 郑豫容, 等. 期望落差下的组织搜索: 长期债务融资及其价值再造 [J]. 中国工业经济, 2020 (5): 174-192.

[14] 贺小刚, 朱丽娜, 杨婵, 等. 经营困境下的企业变革: "穷则思变" 假说检验 [J]. 中国工业经济, 2017b (1): 135-154.

[15] 黄宏斌, 翟淑萍, 陈静楠. 企业生命周期、融资方式与融资约束: 基于投资者情绪调节效应的研究 [J]. 金融研究, 2016 (7): 96-112.

[16] 李璨, 吕渭星, 周长辉. 绩效反馈与组织响应: 文献综述与展望 [J]. 外国经济与管理, 2019, 41 (10): 86-108.

[17] 李健, 曹文文, 乔嫣, 等. 经营期望落差、风险承担水平与创新可持续性: 民营企业与非民营企业的比较研究 [J]. 中国软科学, 2018 (2): 140-148.

[18] 李萍, 苏亮瑜, 徐欣. 资产剥离能否激发中国企业研发投资? ——基于融资约束视角的研究 [J]. 中山大学学报 (社会科学版), 2019, 59 (1): 188-198.

[19] 李溪, 郑馨, 张建琦. 制造企业的业绩困境会促进创新吗: 基于期望落差维度拓展的分析 [J]. 中国工业经济, 2018 (8): 174-192.

[20] 连燕玲, 贺小刚, 高皓. 业绩期望差距与企业战略调整: 基于中国上市公司的实证研究 [J]. 管理世界, 2014 (11): 119-132, 188.

[21] 连燕玲, 刘依琳, 郑伟伟. 经营期望落差、管理自主权与企业财务造假 [J]. 上海财经大学学报, 2021, 23 (2): 46-60, 92.

[22] 连燕玲, 叶文平, 刘依琳. 行业竞争期望与组织战略背离: 基于中国制造业上市公司的经验分析 [J]. 管理世界, 2019, 35 (8): 155-172, 191-192.

[23] 连燕玲, 周兵, 贺小刚, 等. 经营期望、管理自主权与战略变革 [J]. 经济研究, 2015, 50 (8): 31-44.

［24］刘诗源，林志帆，冷志鹏.税收激励提高企业创新水平了吗？——基于企业生命周期理论的检验［J］.经济研究，2020，55（6）：105-121.

［25］刘文楷，潘爱玲，邱金龙.企业生命周期、企业家社会资本与多元化并购［J］.经济经纬，2017，34（6）：111-116.

［26］刘志远，王存峰，彭涛，等.政策不确定性与企业风险承担：机遇预期效应还是损失规避效应［J］.南开管理评论，2017，20（6）：15-27.

［27］罗党论，廖俊平，王珏.地方官员变更与企业风险：基于中国上市公司的经验证据［J］.经济研究，2016，51（5）：130-142.

［28］吕迪伟，蓝海林，陈伟宏.绩效反馈的不一致性与研发强度的关系研究［J］.南开管理评论，2018，21（4）：50-61.

［29］吕斐斐，贺小刚，葛菲.期望差距与创始人离任方式选择：基于中国家族上市公司的分析［J］.财经研究，2015，41（7）：68-80.

［30］吕斐斐，贺小刚，朱丽娜，等.家族期望落差与创业退出：基于中国数据的分析［J］.管理科学学报，2019，22（6）：36-56.

［31］潘越，戴亦一，吴超鹏，等.社会资本、政治关系与公司投资决策［J］.经济研究，2009，44（11）：82-94.

［32］彭睿，綦好东，亚琨.国有企业归核化与风险承担［J］.会计研究，2020（7）：104-118.

［33］钱先航，徐业坤.官员更替、政治身份与民营上市公司的风险承担［J］.经济学（季刊），2014，13（4）：1437-1460.

［34］邱晨，杨蕙馨.绩效期望落差如何促进技术创新？——企业模仿学习对象选择的经验证据［J］.产业经济研究，2022（1）：57-70.

［35］申慧慧，于鹏，吴联生.国有股权、环境不确定性与投资效率［J］.经济研究，2012，47（7）：113-126.

［36］宋铁波，钟熙，陈伟宏.期望差距与企业国际化速度：来自中国制造业的证据［J］.中国工业经济，2017（6）：175-192.

［37］宋铁波，钟熙，陈伟宏，等.研发投入还是广告投入？——绩劣企业战略性行为的选择［J］.研究与发展管理，2018，30（1）：12-21，91.

［38］宋铁波，钟熙，陈伟宏.谁在"穷则思变"？基于中国民营与国有上市公司的对比分析［J］.管理评论，2019，31（2）：214-224.

［39］宋渊洋，匡倩，陈伟伟.绩效期望落差对制造企业进入房地产行

业的影响研究［J］.管理学报，2021，18（1）：42-51.

　　［40］苏涛永，陈永恒，张亮亮，等.异质性业绩期望差距与企业双元创新：家族企业与非家族企业的比较研究［J］.研究与发展管理，2021，33（4）：169-182.

　　［41］苏文兵，李心合，莫迁.多元化程度、经理人变更与企业资产剥离：来自中国上市公司的经验证据［J］.财贸研究，2009，20（6）：89-96.

　　［42］万赫，钟熙，彭秋萍.以变应万变？经济政策不确定性对企业战略变革的影响探析［J］.管理工程学报，2021，35（5）：52-63.

　　［43］王晓燕.业绩期望差距与制造企业创新行为选择：基于不同期望参照水平的检验［J］.产业经济研究，2021（6）：129-142.

　　［44］文巧甜，郭蓉.资源约束框架下业绩反馈与战略调整方向研究：基于中国上市公司的数据分析［J］.经济管理，2017，39（3）：90-108.

　　［45］吴建祖，袁海春.绩效期望落差与企业环境战略的倒 U 形关系研究［J］.管理学报，2020，17（10）：1453-1460.

　　［46］吴剑峰.转型经济中的战略剥离分析：以中国上市企业为例［J］.南开管理评论，2009，12（2）：4-10，19.

　　［47］吴倩，薛有志.企业资产剥离如何传染：基于同群效应的视角［J］.当代财经，2021（5）：90-101.

　　［48］谢露，翟胜宝，童丽静.博彩文化与企业费用粘性［J］.会计研究，2021（5）：121-132.

　　［49］谢佩洪，汪春霞.管理层权力、企业生命周期与投资效率：基于中国制造业上市公司的经验研究［J］.南开管理评论，2017，20（1）：57-66.

　　［50］徐业坤，钱先航，李维安.政治不确定性、政治关联与民营企业投资：来自市委书记更替的证据［J］.管理世界，2013（5）：116-130.

　　［51］薛有志，吴倩.谁实施的资产剥离交易更少：国有企业还是非国有企业？［J］.现代财经（天津财经大学学报），2021，41（3）：3-17.

　　［52］薛有志，张荣荣，张钰婧.高管纵向兼任与资产剥离战略［J］.外国经济与管理，2022，44（5）：3-18.

　　［53］余天骄，肖书锋.企业期望落差强度与持久度对国际化速度的影响研究［J］.管理评论，2023，35（4）:264-276.

　　［54］韵江，宁鑫，暴莹.CEO 过度自信与战略变革：基于"韧性效应"和"创造效应"的研究［J］.南开管理评论，2022，25（5）：180-190，

214，191-192.

　　［55］张丹妮，刘春林，刘夏怡.期望绩效反馈与企业风险决策关系研究：企业行为理论与代理理论的整合视角［J］.研究与发展管理，2022，34（1）：133-145.

　　［56］赵奇锋，赵文哲，卢荻，等.博彩与企业创新：基于文化视角的研究［J］.财贸经济，2018，39（9）：122-140.

　　［57］钟熙，陈伟宏，宋铁波，等.CEO过度自信、管理自主权与企业国际化进程［J］.科学学与科学技术管理，2018，39（11）：85-100.

　　［58］钟熙，任柳杨，任鸽.家族企业"去家族化"研究：创新期望落差视角［J］.南开管理评论，2022，25（1）：177-190.

　　［59］钟熙，宋铁波，陈伟宏，等.分析师期望落差会促进战略变革吗？——来自中国制造业上市公司的经验证据［J］.管理评论，2020，32（2）：266-277.

　　［60］周黎安.中国地方官员的晋升锦标赛模式研究［J］.经济研究，2007（7）：36-50.

　　［61］周晓苏，陈沉.从生命周期视角探析应计盈余管理与真实盈余管理的关系［J］.管理科学，2016，29（1）：108-122.

　　［62］周梓洵，张建君，周欣雨.地方政府如何驱动企业"脱虚返实"：来自官员任期的视角［J］.经济管理，2021，43（9）：31-47.

　　［63］朱丽娜，贺小刚，贾植涵."穷困"促进了企业的研发投入：环境不确定性与产权保护力度的调节效应［J］.经济管理，2017，39（11）：67-84.

　　［64］Adhikari B K, Agrawal A. Religion, Gambling Attitudes and Corporate Innovation［J］. Journal of Corporate Finance, 2016, 37: 229-248.

　　［65］Aggarwal R, Faccio M, Guedhami O, et al. Culture and Finance: An Introduction［J］. Journal of Corporate Finance, 2016, 41: 466-474.

　　［66］Ahmed A S, Duellman S. Managerial Overconfidence and Accounting Conservatism［J］. Journal of Accounting Research, 2013, 51(1): 1-30.

　　［67］Alexander G, Benson P G, Kampmeyer J. Investigating the Valuation Effects of Announcements of Voluntary Corporate Selloffs［J］.Journal of Finance, 1984, 39(2): 503-517.

　　［68］Alexandrou G, Sudarsanam S. Shareholder Wealth Effects of

Corporate Selloffs: Impact of Growth Opportunities, Economic Cycle and Bargaining Power [J]. European Financial Management, 2001, 7(2): 237–258.

[69] Allen J W, Lummer S L, Mcconnell J J, et al. Can Takeover Losses Explain Spin-off Gains? [J].Journal of Financial and Quantitative Analysis, 1995, 30(4): 465–485.

[70] Altman E L. Corporate Distress: A Complete Guide to Predicting, Avoiding, and Dealing with Bankruptcy [M].New York: Wiley, 1983.

[71] Arrfelt M, Wiseman R, Tomas M. Looking Backward Instead of Forward: Aspiration Driven Influences on the Efficiency of the Capital Allocation Process [J]. Academy of Management Journal , 2013, 56(4): 1081–1103.

[72] Åstebro T, Jeffrey S A, Adomdza G K. Inventor Perseverance after Being Told to Quit: The Role of Cognitive Biases [J]. Journal of Behavioral Decision Making, 2007, 20(3): 253–272.

[73] Ataullah A, Davidson I, Hang L. Large Shareholders, the Board of Directors and the Allocation of Cash Proceeds from Corporate Asset Sell-offs [J]. European Financial Management, 2010, 16(2): 271–295.

[74] Audia P G, Brion S. Reluctant to Change: Self-Enhancing Responses to Diverging Performance Measures [J]. Organizational Behavior and Human Decision Processes, 2007, 102(2): 255–269.

[75] Audia P G, Greve H R. Less Likely to Fail: Low Performance, Firm Size, and Factory Expansion in the Shipbuilding Industry [J]. Management Science, 2006, 52(1): 83–94.

[76] Audia P G, Locke E A, Smith K G. The Paradox of Success: An Archival and a Laboratory Study of Strategic Persistence following Radical Environmental Change [J]. The Academy of Management Journal, 2000, 43(5): 837–853.

[77] Bagwell L S, Zechner J. Influence Costs and Capital Structure [J]. Journal of Finance, 1993, 48 (3): 975–1008.

[78]Barney J. Firm Resources and Sustained Competitive Advantage [J]. Journal of Management, 1991, 17(1): 99–120.

[79] Baucus M S. Pressure, Opportunity and Predisposition: A

Multivariate Model of Corporate Illegality [J] . Journal of Management, 1994, 20(4): 699–721.

[80] Baum J A, Dahlin K B. Aspiration Performance and Railroads' Patterns of Learning from Train Wrecks and Crashes [J] . Organization Science, 2007, 18(3): 368–385.

[81] Baum J A, Rowley T J, Shipilov A V, et al. Dancing with Strangers: Aspiration Performance and the Search for Underwriting Syndicate Partners[J] . Administrative Science Quarterly, 2005, 50(4): 536–575.

[82] Bazerman M H. Judgment in Managerial Decision Making [M] . New York: Wiley, 1986.

[83] Beckman C M. The Influence of Founding Team Company Affiliations on Firm Behavior [J] . The Academy of Management Journal, 2006, 49(4): 741–758.

[84] Bennett V M, Feldman E R. Make Room! Make Room! A Note on Sequential Spin-offs and Acquisitions [J] . Strategy Science, 2017, 2(2): 100–110.

[85] Bentley K A, Omer T C, Sharp N Y. Business Strategy, Financial Reporting Irregularities, and Audit Effort [J] . Contemporary Accounting Research, 2013, 30(2): 780–817.

[86] Berchicci L, Tarakci M. Aspiration Formation and Attention Rules [J] . Strategic Management Journal, 2022, 43(8): 1575–1601.

[87] Bergh D D. Predicting Divestiture of Unrelated Acquisitions: An Integrative Model of Ex Ante Conditions [J] . Strategic Management Journal, 1997, 18(9): 715–731.

[88] Bergh D D, Lawless M W. Portfolio Restructuring and Limits to Hierarchical Governance: The Effects of Environmental Uncertainty and Diversification Strategy [J] . Organization Science, 1998, 9(1): 87–102.

[89] Bergh D D, Lim E N. Learning How to Restructure: Absorptive Capacity and Improvisational Views of Restructuring Actions and Performance [J] . Strategic Management Journal, 2008, 29 (6): 593–616.

[90] Bergh D D, Peruffo E, Chiu W, Et al. Market Response to Divestiture Announcements: A Screening Theory Perspective [J] . Strategic Organization, 2020, 18(4): 547–572.

［91］Berry H. When do Firms Divest Foreign Operations?［J］. Organization Science, 2013, 24(1): 246–261.

［92］Bettinazzi E, Feldman E R. Stakeholder Orientation and Divestiture Activity［J］. Academy of Management Journal, 2021, 64(4): 1078–1096.

［93］Biedenbach T, Söderholm A. The Challenge of Organizing Change in Hypercompetitive Industries: A Literature Review［J］. Journal of Change Management, 2008, 8(2): 123–145.

［94］Bikhchandani S, Hirshleifer D, Welch I. Learning from the Behavior of Others: Conformity, Fads, and Informational Cascades［J］. Journal of Economic Perspectives, 1998, 12(3): 151–170.

［95］Billinger S, Stieglitz N, Schumacher T R. Search on Rugged Landscapes: An Experimental Study［J］. Organization Science, 2014, 25(1): 93–108.

［96］Blagoeva R, Mom T, Jansen J, et al. Problem-Solving or Self-Enhancement? A Power Perspective on How CEOs Affect R&D Search in the Face of Inconsistent Feedback［J］. The Academy of Management Journal, 2020, 63(2): 332–355.

［97］Blake D J, Moschieri C. Policy Risk, Strategic Decisions and Contagion Effects: Firm - specific Considerations［J］. Strategic Management Journal, 2017, 38(3): 732–750.

［98］Blettner D P, He Z L, Hu S, et al. Adaptive Aspirations and Performance Heterogeneity: Attention Allocation among Multiple Reference Points［J］. Strategic Management Journal, 2015, 36(7): 987–1005.

［99］Bourgeois L J. On the Measurement of Organizational Slack［J］. Academy of Management Review, 1981, 6(1): 29–39.

［100］Bourgeois L, Singh J. Organizational Slack and Political Behavior Among Top Management Teams［J］. Academy of Management Proceedings, 1983, 1: 43–47.

［101］Bowman E H, Singh H. Corporate Restructuring: Re-configuring the Firm［J］. Strategic Management Journal, 1993, 14(Special Issue): 5–14.

［102］Brauer M. What have We Acquired and What Should We Acquire in Divestiture Research? A Review and Research Agenda［J］. Journal of

Management, 2006, 32(6): 751–785.

［103］Brauer M. Corporate and Divisional Manager Involvement in Divestitures—A Contingent Analysis［J］. British Journal of Management, 2009, 20(3): 341–362.

［104］Brauer M, Mammen J, Luger J. Sell-offs and Firm Performance: A Matter of Experience?［J］.Journal of Management, 2017, 43(5): 1359–1387.

［105］Brauer M, Wiersema M. Industry Divestiture Waves: How a Firm's Position Influences Investor Returns［J］. Academy of Management Journal, 2012, 55(6): 1472–1492.

［106］Bromiley P. Testing a Causal Model of Corporate Risk Taking and Performance［J］. Academy of Management Journal, 1991, 34(1): 37–59.

［107］Bromiley P, Harris J D. A Comparison of Alternative Measures of Organizational Aspirations［J］. Strategic Management Journal, 2014, 35(3): 338–357.

［108］Brown D T, James C M, Mooradian R M. Asset Sales by Financially Distressed Firms［J］. Journal of Corporate Finance, 1994, 1: 233–257.

［109］Buchholtz A K, Lubatkin M, O'Neill H M. Seller Responsiveness to the Need to Divest［J］. Journal of Management, 1999, 25(5): 633–652.

［110］Capron L, Mitchell W, Swaminathan A. Asset Divestiture following Horizontal Acquisitions: A Dynamic View［J］. Strategic Management Journal, 2001, 22(9): 817–844.

［111］Chang S J, Singh H. The Impact of Modes of Entry and Resource Fit on Modes of Exit by Multi-Business Firms［J］. Strategic Management Journal, 1999, 20(11): 1019–1035.

［112］Chatterjee S, Harrison J S, Bergh D D. Failed Takeover Attempts, Corporate Governance and Refocusing［J］. Strategic Management Journal, 2003, 24(1): 87–96.

［113］Chen G, Crossland C, Luo S. Making the Same Mistake all over Again: CEO Overconfidence and Corporate Resistance to Corrective Feedback［J］. Strategic Management Journal, 2015, 36(10): 1513–1535.

［114］Chen S, Feldman E R. Activist-impelled Divestitures and Shareholder Value［J］. Strategic Management Journal, 2018, 39(10): 2726–2744.

［115］Chen W-R. Determinants of Firms' Backward-and Forward-Looking R&D Search Behavior［J］. Organization Science, 2008, 19(4): 609–622.

［116］Chen W-R, Miller K D. Situational and Institutional Determinants of Firms' R&D Search Intensity［J］. Strategic Management Journal, 2007, 28(4): 369–381.

［117］Cheng L, Xie E, Fang J, et al. Performance Feedback and Firms' Relative Strategic Emphasis: The Moderating Effects of Board Independence and Media Coverage［J］. Journal of Business Research, 2022, 139: 218–231.

［118］Chiu S S, Pathak S, Hoskisson R E, et al. Managerial Commitment to the Status Quo and Corporate Divestiture: Can Power Motivate Openness to Change?［J］. The Leadership Quarterly, 2022, 33(3): 101459.

［119］Chiu S, Johnson R A, Hoskisson R E, et al. The Impact of CEO Successor Origin on Corporate Divestiture Scale and Scope Change［J］. The Leadership Quarterly, 2016, 27(4): 617–633.

［120］Chiu S, Sabz A. Can Corporate Divestiture Activities Lead to Better Corporate Social Performance?［J］.Journal of Business Ethics, 2022, 179(3): 849–866.

［121］Cho S Y, Arthurs J D, Townsend D M, et al. Performance Deviations and Acquisition Premiums: The Impact of CEO Celebrity on Managerial Risk-taking［J］. Strategic Management Journal, 2016, 37(13): 2677–2694.

［122］Choi J D, Lee J S, Bae Z T. When do Firms Focus on Public Research?— Evidence from us Medical Device Industry［J］. Industry and Innovation, 2019, 26(6): 667–689.

［123］Chrisman J J, Patel P C. Variations in R&D Investments of Family and Non-Family Firms: Behavioral Agency and Myopic Loss Aversion Perspectives［J］.Academy of Management Journal, 2012, 55(4): 976–997.

［124］Clayton M J, Reisel N. Value Creation from Asset Sales: New Evidence from Bond and Stock Markets［J］. Journal of Corporate Finance, 2013, 22: 1–15.

［125］Corley K G, Gioia D A. Identity Ambiguity and Change in the Wake of a Corporate Spin-off［J］. Administrative Science Quarterly, 2004, 49(2): 173–208.

［126］Cornett M M, Marcus A J, Tehranian H. Corporate Governance and Pay-for-Performance: the Impact of Earnings Management［J］. Journal of Financial Economics, 2008, 87(2): 357–373.

［127］Cyert R M, March J G. A Behavioral Theory of the Firm［M］. Englewood, Cliffs, NJ: Prentice-Hall, 1963.

［128］Cyert R M, March J G. A Behavioral Theory of the Firm (2nd edn)［M］. Malden, MA: Blackwell, 1992.

［129］D'Aveni R A. The Aftermath of Organizational Decline: A Longitudinal Study of the Strategic and Managerial Characteristics of Declining Firms［J］. Academy of Management Journal, 1989, 32(3): 577– 605.

［130］Dahlander L, O'Mahony S, Gann D M. One Foot in, One Foot out: How does Individuals' External Search Breadth Affect Innovation Outcomes?［J］ Strategic Management Journal, 2016, 37(2): 280–302.

［131］Damaraju N L, Barney J B, Makhija A K. Real Options in Divestment Alternatives［J］. Strategic Management Journal, 2015, 36(5): 728–744.

［132］Datta D, Rajagopalan N, Zhang Y. New CEO Openness to Change and Strategic Persistence: The Moderating Role of Industry Characteristics［J］. British Journal of Management, 2003a, 14(2): 101–114.

［133］Datta S, Iskandar-Datta M, Raman K. Value Creation in Corporate Asset Sales: The Role of Managerial Performance and Lender Monitoring［J］. Journal of Banking & Finance, 2003b, 27(2): 351–375.

［134］Dean J W, Sharfman M P. Does Decision Process Matter? A Study of Strategic Decision-Making Effectiveness［J］. Academy of Management Journal, 1996, 39 (2): 368–396.

［135］Decker C, Bresser R K, Mellewigt T. Strategic or Status Quo-preserving Business Exit: (How) do CEO Turnover and Succession Matter?［Z］. Discussion Paper School of Business & Economics, Freie Universitat Berlin, 2010.

［136］Decker C, Mellewigt T. Business Exit and Strategic Change: Sticking to the Knitting or Striking a New Path?［J］. British Journal of Management, 2012, 23(2): 165–178.

［137］Defren T, Wirtz B W, Ullrich S. Divestment-Management: Success

Factors in the Negotiation Process of a Sell-off [J]. Long Range Planning , 2012, 45(4): 258–276.

[138] Denis D J, Denis D K, Sarin A. Agency Theory and the Influence of Equity Ownership Structure on Corporate Diversification Strategies [J]. Strategic Management Journal, 1999, 20(11): 1071–1076.

[139] Denis D K, Shome D K. An Empirical Investigation of Corporate Asset Downsizing [J]. Journal of Corporate Finance, 2005, 11(3): 427–448.

[140] Desai C A, Gupta M. Size of Financing Need and the Choice between Asset Sales and Security Issuances [J]. Financial Management, 2019, 48(2): 677–718.

[141] Desai V M. Constrained Growth: How Experience, Legitimacy, and Age Influence Risk Taking In Organizations [J]. Organization Science, 2008, 19(4): 594–608.

[142] Desai V M. The Behavioral Theory of the (Governed) Firm: Corporate Board Influences on Organizations' Responses to Performance Shortfalls [J].Academy of Management Journal, 2016, 59 (3): 860–879.

[143] Dess G G, Beard D W. Dimensions of Organizational Task Environments [J]. Administrative Science Quarterly, 1984, 29(1): 52–73.

[144] Dial J, Murphy K J. Incentives, Downsizing, and Value Creation at General Dynamics [J]. Journal of Financial Economics, 1995, 37(3): 261–314.

[145] Dickinson V. Cash Flow Patterns as a Proxy for Firm Life Cycle [J]. Accounting Review, 2011, 86(6): 1964 –1994.

[146] Dittmar A, Shivdasani A. Divestitures and Divisional Investment Policies [J]. Journal of Finance, 2003, 58 (6): 2711–2744.

[147] Dixit A K, Pindyck R S. The Options Approach to Capital Investment [J]. Harvard Business Review, 1995, 73(3): 105–115.

[148] Donaldson G, Lorsch J W. Decision Making at the Top [M].New York: Basic Books, 1983.

[149] Doukas J A, Zhang W. Managerial Gambling Attitudes: Evidence from Bank Acquisitions [J]. Review of Behavioral Finance, 2013, 5 (1): 4–34.

[150] Dranikoff L, Koller T, Schneider A. Divestiture: Strategy's Missing Link [J]. Harvard Business Review, 2002, 80(5): 75–83.

［151］Duhaime I M, Grant J H. Factors Influencing Divestment Decision-Making: Evidence from a Field Study ［J］. Strategic Management Journal, 1984, 5(4): 301–318.

［152］Duncan R B. Characteristics of Organizational Environments and Perceived Environmental Uncertainty［J］.Administrative Science Quarterly, 1972, 17(3): 313–327.

［153］Durand R, Vergne J P. Asset Divestment as a Response to Media Attacks in Stigmatized Industries ［J］. Strategic Management Journal, 2015, 36(8): 1205–1223.

［154］Eklund J, Feldman E. Understanding the Relationship Between Divestitures and Innovation: The Role of Organization Design ［J］.Academy of Management Annual Meeting Proceedings, 2020(1): 654–659.

［155］Fang C, Kim J H, Milliken F J. When Bad News is Sugarcoated: Information Distortion, Organizational Search and the Behavioral Theory of the Firm ［J］. Strategic Management Journal, 2014, 35(8): 1186–1201.

［156］Feldman E R. Legacy Divestitures: Motives and Implications ［J］. Organization Science, 2014, 25(3): 815–832.

［157］Feldman E R. Dual Directors and The Governance of Corporate Spinoffs ［J］.Academy of Management Journal, 2016a, 59(5): 1754–1776.

［158］Feldman E R. Managerial Compensation and Corporate Spinoffs ［J］. Strategic Management Journal, 2016b, 37(10): 2011–2030.

［159］Feldman E R. Corporate Strategy: Past, Present, and Future ［J］. Strategic Management Review, 2020, 1(1): 179–206.

［160］Feldman E R, Amit R, Villalonga B. Corporate Divestitures and Family Control ［J］. Strategic Management Journal, 2016, 37(3): 429–446.

［161］Feldman E R, Amit R, Villalonga B. Family Firms and the Stock Market Performance of Acquisitions and Divestitures ［J］. Strategic Management Journal, 2019, 40(5): 757–780.

［162］Feldman E R, Gartenberg C, Wulf J. Pay Inequality and Corporate Divestitures ［J］. Strategic Management Journal, 2018, 39(11): 2829–2858.

［163］Fiegenbaum A, Hart S, Schendel D. Strategic Reference Point Theory ［J］. Strategic Management Journal, 1996, 17(3): 219–235.

［164］Finlay W, Marshall A, Mccolgan P. Financing, Fire Sales, and the Stockholder Wealth Effects of Asset Divestiture Announcements［J］. Journal of Corporate Finance, 2018, 50: 323–348.

［165］Fleming L. Recombinant Uncertainty in Technological Search［J］. Management Science, 2001, 47(1): 117–132.

［166］Fleming L, Sorenson O. Science as a Map in Technological Search［J］. Strategic Management Journal, 2004, 25(8–9): 909–928.

［167］Flynn B B, Huo B, Zhao X. The Impact of Supply Chain Integration on Performance: A Contingency and Configuration Approach［J］. Journal of Operations Management, 2010, 28(1): 58–71.

［168］Frank K E, Harden J W. Corporate Restructurings: A Comparison of Equity Carve-outs and Spin-offs［J］. Journal of Business Finance & Accounting, 2001, 28(3/4): 503–529 .

［169］Freeman S J, Cameron K S. Organizational Downsizing: A Convergence and Reorientation Perspective［J］. Organizational Science, 1993, 4(1): 10–29.

［170］Galasso A, Simcoe T S. CEO Overconfidence and Innovation［J］. Management Science, 2011, 57(8): 1469–1484.

［171］Gao Y, Yang H, Zhang M. Too Bad to Fear, Too Good to Dare? Performance Feedback and Corporate Misconduct［J］. Journal of Business Research, 2021, 131: 1–11.

［172］Ghosh D, Olsen L. Environmental Uncertainty and Managers' Use of Discretionary Accruals［J］.Accounting, Organizations and Society, 2009, 34(2): 188–205.

［173］Gibbons R, Murphy K J. Optimal Incentive Contracts in the Presence of Career Concerns: Theory and Evidence［J］. Journal of Political Economy, 1992, 100(3): 468–450.

［174］Gibbs P A. Determinants of Corporate Restructuring: The Relative Importance of Corporate Governance, Takeover Threat, and Free Cash Flow［J］. Strategic Management Journal, 1993, 14(Special Issue): 51–68.

［175］Gilmour S C. The Divestment Decision Process［Z］.Unpublished Doctoral Dissertation, Harvard Business School, 1973.

［176］Glaser B, Strauss A. The Discovery of Grounded Theory: Strategic of Qualitative Research [M] .London: Wiedenfeld and Nicholson, 1967.

[177] Golubov A, Petmezas D, Travlos N G. When it Pays to Pay Your Investment Banker: New Evidence on the Role of Financial Advisors in M&As [J] . Journal of Finance, 2012, 67(1): 271–312.

[178] Gopinath C, Becker T. Communication, Procedural Justice, and Employee Attitudes: Relationships under Conditions of Divestitures [J] . Journal of Management, 2000, 26(1): 63–83.

[179] Greve H R. Organizational Learning from Performance Feedback. A Behavioral Perspective on Innovation and Change [M] . Cambridge, MA: Cambridge University Press, 2003a.

[180] Greve H R. Investment and the Behavioral Theory of the Firm: Evidence from Shipbuilding [J] . Industrial & Corporate Change, 2003b, 12(5): 1051–1076.

[181] Greve H R. A Behavioral Theory of R&D Expenditures and Innovations: Evidence from Shipbuilding [J] . The Academy of Management Journal, 2003c, 46(6): 685–702.

[182] Grinblatt M, Keloharju M. Sensation Seeking, Overconfidence, and Trading Activity [J] . Journal of Finance, 2009, 64(2): 549–578.

[183] Guiso L, Sapienza P, Zingales L. The Value of Corporate Culture [J] . Journal of Financial Economics, 2015, 117(1): 60–76.

[184] Hambrick D C. Guest Editor's Introduction: Putting Top Managers Back in the Strategy Picture [J] . Strategic Management Journal, 1989, 10(S1): 5–15.

[185] Hambrick D C, Finkelstein S. Managerial Discretion: A Bridge Between Polar Views on Organizations [M] . Greenwich: JAI Press, 1987.

[186] Hambrick D C, Finkelstein S. The Effects of Ownership Structure on Conditions at the Top: The Case of CEO Pay Raises [J] . Strategic Management Journal, 1995, 16(3): 175–193.

[187] Hamilton R, Chow Y. Why Managers Divest—Evidence from New Zealand's Largest Companies [J] . Strategic Management Journal, 1993, 14(3): 479–484.

[188] Hanson R C, Song M H. Managerial Ownership, Board Structure,

and the Division of Gains in Divestitures [J]. Journal of Corporate Finance, 2000, 6(1): 55–70.

[189] Harrigan K R. Exit Decisions in Mature Industries [J]. Academy of Management Journal, 1982, 25(4): 707–732.

[190] Harris J, Bromiley P. Incentives to Cheat: The Influence of Executive Compensation and Firm Performance on Financial Misrepresentation [J]. Organization Science, 2007, 18(3): 350–367.

[191] Harrison D A, Shaffer M A. Comparative Examinations of Self-Reports and Perceived Absenteeism Norms: Wading through Lake Wobegon [J]. Journal of Applied Psychology, 1994, 79(2): 240–251.

[192] Haunschild P R, Miner A S. Modes of Interorganizational Imitation: The Effects of Outcome Salience and Uncertainty [J]. Administrative Science Quarterly, 1997, 42(3): 472–500.

[193] Haveman H A, Jia N, Shi J, et al. The Dynamics of Political Embeddedness in China [J]. Administrative Science Quarterly, 2017, 62(1): 67–104.

[194] Haynes M, Thompson S, Wright M. Executive Remuneration and Corporate Divestment: Motivating Managers to Make Unpalatable Decisions [J]. Journal of Business Finance & Accounting, 2007, 34(5–6): 792–818.

[195] Heimeriks K H, Schijven M, Gates S. Manifestations of Higher-Order Routines: The Underlying Mechanisms of Deliberate Learning in the Context of Post-Acquisition Integration [J]. Academy of Management Journal, 2012, 55(3): 703–726.

[196] Helfat C E. Evolutionary Trajectories in Petroleum Firm R&D [J]. Management Science, 1994, 40 (12): 1720–1747.

[197] Hill A D, Kern D A, White M A. Building Understanding in Strategy Research: The Importance of Employing Consistent Terminology and Convergent Measures [J]. Strategic Organization, 2012, 10(2): 187–200.

[198] Hillier D, Mccolgan P, Werema S. Asset Sales and Firm Strategy: An Analysis of Divestitures by UK Companies [J]. European Journal of Finance, 2009, 15(1): 71–87.

[199] Hirshleifer D, Low A, Teoh S H. Are Overconfident CEOs Better

Innovators? 〔J〕. Journal of Finance, 2012, 67(4): 1457–1498.

〔200〕Hite G, Owers J, Rogers R. The Market for Inter-Firm Asset Sales: Partial Sell-Offs and Total Liquidations 〔J〕. Journal of Financial Economics, 1987, 18(2): 229–252.

〔201〕Hoskisson R E, Hitt M A. Antecedents and Performance Outcomes of Diversification: A Review and Critique of Theoretical Perspectives 〔J〕. Journal of Management, 1990, 16(2): 461–508.

〔202〕Hoskisson R E, Johnson R A. Corporate Restructuring and Strategic Change: The Effect on Diversification Strategy and R&D Intensity 〔J〕. Strategic Management Journal, 1992, 13(8): 625–634.

〔203〕Hoskisson R E, Johnson R A, Moesel D D. Corporate Divestiture Intensity in Restructuring Firms: Effects of Governance, Strategy, and Performance 〔J〕. Academy of Management Journal, 1994, 37(5): 1207–1251.

〔204〕Hu H, Lian Y, Zhou W. Do Local Protestant Values Affect Corporate Cash Holdings?〔J〕. Journal of Business Ethics, 2019, 154 (1): 147–166.

〔205〕Hu S, Blettner D, Bettis R A. Adaptive Aspirations Performance Consequences of Risk Preferences at Extremes and Alternative Reference Groups 〔J〕. Strategic Management Journal, 2011, 32(3): 1426–1436.

〔206〕Hu S, He Z, Blettner D P, et al. Conflict Inside and Outside: Social Comparisons and Attention Shifts in Multidivisional Firms 〔J〕. Strategic Management Journal, 2017, 38(7): 1435–1454.

〔207〕Huber G P. Organizational Learning: The Contributing Processes and the Literatures 〔J〕. Organization Science, 1991, 2(1): 88–115.

〔208〕Hui K N, Hult G T M, Ketchen D J. Causal Attribution for Peer Performance and International Joint Venture Divestment 〔J〕.Journal of International Management, 2020, 26(2): 1–17.

〔209〕Humphery-Jenner M, Powell R, Zhang E J. Practice Makes Progress: Evidence from Divestitures 〔J〕. Journal of Banking & Finance, 2019, 105: 1–19.

〔210〕Hunt S D. Marketing Theory-Foundation, Controversy, Strategy, Resource-Advantage Theory 〔M〕. New York: ME Sharpe Inc, Armonk, 2010.

〔211〕Ilmakunnas P, Topi J. Micro-economic and Macroeconomic Influences on Entry and Exit of Firms 〔J〕. Review of Industrial Organization, 1999,

15(3): 283–301.

[212] Iriyama A, Kishore R, Talukdar D. Playing Dirty or Building Capability? Corruption and HR Training as Competitive Actions to Threats from Informal and Foreign Firm Rivals [J]. Strategic Management Journal, 2016, 37(10): 2152–2173.

[213] Iurkov V, Benito G. Change in Domestic Network Centrality, Uncertainty, and the Foreign Divestment Decisions of Firms [J]. Journal of International Business Studies, 2020, 51(5): 788–812.

[214] Iyer D N, Miller K D. Performance Feedback, Slack, and the Timing of Acquisitions [J]. Academy of Management Journal, 2008, 51(4): 808–822.

[215] Jensen M C. Agency Costs of Free Cash Flow, Corporate Finance, and Takeovers [J]. The American Economic Review, 1986, 76(2): 323–329.

[216] Jensen M C. The Modern Industrial Revolution, Exit, and the Failure of Internal Control Systems [J]. The Journal of Finance, 1993, 48(3): 831–880.

[217] Ji Q, Quan X, Yin H, et al. Gambling Preferences and Stock Price Crash Risk: Evidence from China [J]. Journal of Banking & Finance, 2021, 128: 1–21.

[218] Jia N, Shi J, Wang Y. Value Creation and Value Capture In Governing Shareholder Relationships: Evidence from a Policy Experiment in an Emerging Market [J].Strategic Management Journal, 2018, 39(9): 2466–2488.

[219] Jiang G F, Holburn G. Organizational Performance Feedback Effects and International Expansion [J]. Journal of Business Research, 2018, 90: 48–58.

[220] John K, Ofek E. Asset Sales and Increase in Focus [J]. Journal of Financial Economics, 1995, 37(1): 105–126.

[221] Joseph J, Klingebiel R, Wilson A J. Organizational Structure and Performance Feedback: Centralization, Aspirations, and Termination Decisions [J]. Organization Science, 2016, 27(5): 1065–1083.

[222] Kacperczyk A, Beckman C M, Moliterno T P. Disentangling Risk and Change: Internal and External Social Comparison in the Mutual Fund Industry [J]. Administrative Science Quarterly, 2014, 60(2): 228–262.

[223] Kahneman D, Tversky A. Choices, Values and Frames [M]. Cambridge, MA: Cambridge University Press , 2000.

[224] Kaplan S N, Weisbach M S. The Success of Acquisitions: Evidence from Divestitures [J]. Journal of Finance, 1992, 47(1): 107–138.

[225] Kaplan S, Henderson R. Inertia and Incentives: Bridging Organizational Economics and Organizational Theory [J]. Organization Science, 2005, 16(5): 509–521.

[226] Karaevli A. Performance Consequences of New CEO "Outsiderness": Moderating Effects of Pre-and Post-Succession Contexts [J]. Strategic of Management Journal, 2007, 28 (7): 681–706.

[227] Karakaya F. Market Exit and Barriers to Exit: Theory and Practice [J]. Psychology and Marketing, 2000, 17(8): 651–668.

[228] Kaul A. Technology and Corporate Scope: Firm and Rival Innovation as Antecedents of Corporate Transactions [J]. Strategic Management Journal, 2012, 33(4): 347–367.

[229] Keats B W, Hitt M A. A Causal Model of Linkages among Environmental Dimensions, Macro Organizational Characteristics, and Performance [J]. Academy of Management Journal, 1988, 31(3): 570–598.

[230] Kilduff G J, Galinsky A D, Gallo E, et al. Whatever it Takes to Win: Rivalry Increases Unethical Behavior [J]. Academy of Management Journal, 2016, 59(5): 1508–1534.

[231] Kim H, Hoskisson R E, Zyung J D. Socio-emotional Favoritism: Evidence from Foreign Divestitures in Family Multinationals [J]. Organization Studies, 2019, 40(6): 917–940.

[232] Kim J-Y, Finkelstein S, Haleblian J. All Aspirations are not Created Equal: The Differential Effects of Historical and Social Aspirations on Acquisition Behavior [J]. Academy of Management Journal, 2015, 58(5): 1361–1388.

[233] Kim N, Kim E, Lee J. Innovating by Eliminating: Technological Resource Divestiture and Firms'Innovation Performance [J]. Journal of Business Research, 2021, 123: 176–187.

[234] Knauer T, Silge L, Sommer F. The Shareholder Value Effects of Using Value-based Performance Measures: Evidence from Acquisitions and

Divestments［J］. Management Accounting Research, 2018, 41: 43–61.

［235］Knudsen T, Levinthal D A. Two Faces of Search: Alternative Generation and Alternative Evaluation［J］. Organization Science, 2007, 18(1): 39–54.

［236］Kolev K D. To Divest or not to Divest: A Meta-Analysis of the Antecedents of Corporate Divestitures［J］. British Journal of Management, 2016, 27(1): 179–196.

［237］Kolev K D, McNamara G. Board Demography and Divestitures: The Impact of Gender and Racial Diversity on Divestiture Rate and Divestiture Returns［J］. Long Range Planning, 2020a, 53(2): 101881.

［238］Kolev K D, McNamara G. The Role of Top Management Teams in Firm Responses to Performance Shortfalls［J］. Strategic Organization, 2020b: 1–24.

［239］Konara P, Ganotakis P. Firm-specific Resources and Foreign Divestments via Sell-offs: Value is in the Eye of the Beholder［J］.Journal of Business Research, 2020, 110: 423–434.

［240］Kotlar J, De Massis A, Frattini F, et al. Technology Acquisition in Family and Non-Family Firms: A Longitudinal Analysis of Spanish Manufacturing Firms［J］. Journal of Product Innovation Management , 2013, 30(6): 1073–1088.

［241］Krishnan C, Masulis R W. Law Firm Expertise and Merger and Acquisition Outcomes［J］. Journal of Law & Economics, 2013, 56(1): 189–226.

［242］Kuusela P, Keil T, Maula M. Driven by Aspirations, but in What Direction? Performance Shortfalls, Slack Resources, and Resource-Consuming vs. Resource-Freeing Organizational Change［J］. Strategic Management Journal, 2017, 38(5): 1101–1120.

［243］Lang L H, Stulz R, Walkling R A. Managerial Performance, Tobin's Q, and the Gains from Successful Tender Offers［J］. Journal of Financial Economics, 1989, 24(1): 137–154.

［244］Lang L, Poulsen A, Stulz R. Asset Sales, Firm Performance, and the Agency Costs of Managerial Discretion［J］. Journal of Financial Economics, 1995, 37(1): 3–37.

[245] Lant T K. Aspiration Level Adaptation: An Empirical Exploration [J]. Management Science, 1992, 38(5): 623–644.

[246] Lant T K, Montgomery D B. Learning from Strategic Success and Failure [J]. Journal of Business Research, 1987, 15(6): 503–517.

[247] Laursen K. Keep Searching and You'll Find: What do We Know about Variety Creation through Firms' Search Activities for Innovation? [J]. Industrial & Corporate Change, 2012, 21(5): 1181– 1220.

[248] Laursen K, Salter A. Open for Innovation: The Role of Openness in Explaining Innovation Performance among U.K. Manufacturing Firms [J]. Strategic Management Journal, 2006, 27(2): 131–150.

[249] Lee D, Madhavan R. Divestiture and Firm Performance: A Meta-Analysis [J]. Journal of Management, 2010, 36(6): 1345–1371.

[250] Leonard-Barton D. Core Capabilities and Core Rigidities: A Paradox in Managing New Product Development [J]. Strategic Management Journal, 1992, 13: 111–125.

[251] Levitt B, March J G. Organizational Learning [J]. Annual Review of Sociology, 1988, 14: 319–340.

[252] Lewellyn K B, Bao S R. R&D Investment in the Global Paper Products Industry: A Behavioral Theory of the Firm and National Culture Perspective [J]. Journal of International Management, 2015, 21(1): 1–17.

[253] Li J, Qian C, Yao F K. Confidence in Learning: Inter-and Intraorganizational Learning in Foreign Market Entry Decisions [J]. Strategic Management Journal, 2015, 36(6): 918–929.

[254] Li J, Tang Y. CEO Hubris and Firm Risk Taking in China: The Moderating Role of Managerial Discretion [J]. Academy of Management Journal, 2010, 53(1): 45–68.

[255] Lichtenberg F R. Industrial De-diversification and its Consequences for Productivity [J]. Journal of Economic Behavior and Organization, 1992, 18: 427–443.

[256] Lim E. Attainment Discrepancy and New Geographic Market Entry: The Moderating Roles of Vertical Pay Disparity and Horizontal Pay Dispersion [J]. Journal of Management Studies, 2019, 56(8): 1605–1629.

[257] Lim E N K, McCann B T. The Influence of Relative Values of Outside Director Stock Options on Firm Strategic Risk from a Multi-agent Perspective [J]. Strategic Management Journal, 2013, 34(13): 1568–1590.

[258] Lim E N K, McCann B T. Performance Feedback and Firm Risk Taking: The Moderating Effects of CEO and Outside Director Stock Options[J]. Organization Science, 2014, 25(1): 262–282.

[259] Lin W. How do Managers Decide on Internationalization Processes? The Role of Organizational Slack and Performance Feedback [J]. Journal of World Business, 2014, 49(3): 396–408.

[260] Liu C, Li D. Divestment Response to Host-Country Terrorist Attacks: Inter-Firm Influence and the Role of Temporal Consistency [J]. Journal of International Business Studies, 2020, 51(8): 1331–1346.

[261] Love E G, Nohria N. Reducing Slack: The Performance Consequences of Downsizing by Large Industrial Firms, 1977–93 [J]. Strategic Management Journal, 2005, 26(12): 1087–1108.

[262] Love E, Kraatz M. Character, Conformity, or the Bottom Line: How and Why Downsizing Affected Corporate Reputation [J]. Academy of Management Journal, 2009, 52 (2): 314–335.

[263] Lucas G J, Knoben J, Meeus M T. Contradictory yet Coherent? Inconsistency in Performance Feedback and R&D Investment Change [J]. Journal of Management, 2018, 44(2): 658–681.

[264] Lv D D, Chen W, Zhu H, et al. How does Inconsistent Negative Performance Feedback Affect the R&D Investments of Firms? A Study of Publicly Listed Firms [J]. Journal of Business Research, 2019, 102: 151–162.

[265] Lv D D, Zhu H, Chen W, et al. Negative Performance Feedback and Firm Cooperation: How Multiple upward Social Comparisons Affect Firm Cooperative R&D [J]. Journal of Business Research, 2021, 132: 872–883.

[266] Malmendier U, Tate G. CEO Overconfidence and Corporate Investment [J]. Journal of Finance, 2005, 60 (6): 2661–2700.

[267]Mankins M C, Harding D, Weddigen R M. How the Best Divest[J]. Harvard Business Review, 2008, 86(10): 92–99.

[268] March J G. A Primer on Decision Making: How Decisions Happen [M].

New York: The Free Press, 1994.

［269］March J G, Shapira Z. Managerial Perspectives on Risk and Risk Taking ［J］. Management Science, 1987, 33(11): 1404–1418.

［270］March J G, Shapira Z. Variable Risk Preferences and the Focus of Attention ［J］. Psychological Review, 1992, 99(1): 172–183.

［271］March J G, Simon H A. Organizations ［M］.New York: Wiley, 1958.

［272］Markides C C. Consequences of Corporate Refocusing: Ex Ante Evidence ［J］. Academy of Management Journal, 1992, 35(2): 398–412.

［273］Markides C C. Diversification, Restructuring, and Economic Performance ［J］. Strategic Management Journal, 1995, 16(2): 101–118.

［274］Markides C C, Berg N A. Good and Bad Divestment: The Stock Market Verdict ［J］. Long Range Planning, 1992, 25(2): 10–15.

［275］Markides C, Singh H. Corporate Restructuring: A Symptom of Poor Governance or a Solution to Past Managerial Mistakes? ［J］.European Management Journal, 1997, 15(3): 213–219.

［276］Martínez-Noya A, García-Canal E. Innovation Performance Feedback and Technological Alliance Portfolio Diversity: The Moderating Role of Firms' R&D Intensity ［J］. Research Policy, 2021, 50(9): 104321.

［277］Mavis C P, Mcnamee N P, Petmezas D, et al. Selling to Buy: Asset Sales and Acquisitions ［J］. Journal of Corporate Finance, 2020, 62: 101587.

［278］Mayer M C J, Stadler C, Hautz J. The Relationship between Product and International Diversification: The Role of Experience ［J］. Strategic Management Journal, 2015, 36 (10): 1458– 1468.

［279］McClelland P L, Liang X, Barker V L. CEO Commitment to the Status Quo: Replication and Extension using Content Analysis ［J］. Journal of Management, 2010, 36 (5): 1251–1277.

［280］McNamara G, Moon H, Bromiley P. Banking on Commitment: Intended and Unintended Consequences of an Organization's Attempts to Attenuate Escalation of Commitment ［J］. Academy of Management Journal, 2002, 45(2): 443–452.

［281］Mezias S J, Chen Y-R, Murphy P R. Aspiration-level Adaptation in an American Financial Services Organization: A Field Study [J]. Management Science, 2002, 48 (10): 1285–1300.

[282] Miles J A, Rosenfeld J D. The Effect of Voluntary Spin-off Announcements on Shareholder Wealth [J]. Journal of Finance, 1983, 38(5): 1597–1606.

[283] Miller E K, Cohen J D. An Integrative Theory of Prefrontal Cortex Function [J]. Annual Review of Neuroscience, 2001, 24(1): 167–202.

[284] Miller K D, Bromiley P. Strategic Risk and Corporate Performance: An Analysis of Alternative Risk Measures [J]. The Academy of Management Journal, 1990, 33(4): 756– 779.

[285] Miller K D, Chen W. Variable Organizational Risk Preferences: Tests of the March-Shapira Model [J]. Academy of Management Journal, 2004, 47(1): 105–115.

[286] Miller K D, Leiblein M J. Corporate Risk-return Relations: Returns Variability Versus Downside Risk [J]. Academy of Management Journal, 1996, 39(1): 91–122.

[287] Moliterno T P, Wiersema M F. Firm Performance, Rent Appropriation, and the Strategic Resource Divestment Capability [J]. Strategic Management Journal, 2007, 28(11): 1065–1087.

[288] Moore D A, Healy P J. The Trouble with Overconfidence [J]. Psychological Review, 2008, 115(2): 502–517.

[289] Moschieri C. The Implementation and Structuring of Divestitures: The Unit's Perspective [J]. Strategic Management Journal, 2011, 32(4): 368–401.

[290] Moschieri C, Mair J. Managing Divestitures through Time— Expanding Current Knowledge [J]. Academy of Management Perspectives, 2012, 26(4): 35–50.

[291] Mulherin J H, Boone A L. Comparing Acquisitions and Divestitures [J]. Journal of Corporate Finance, 2000, 6(2): 117–139.

[292] Nguyen G, Vu L. Asset Sales and Subsequent Acquisitions [J]. International Review of Financial Analysis, 2018, 60: 87–97.

[293] Nguyen P, Rahman N, Zhao R. Ownership Structure and Divestiture Decisions: Evidence from Australian Firms [J]. International Review of

Financial Analysis, 2013, 30: 170–181.

［294］O'Brien J P, David P. Reciprocity and R&D Search: Applying the Behavioral Theory of the Firm to a Communitarian Context［J］. Strategic Management Journal, 2014, 35(4): 550–565.

［295］Ocasio W. Towards an Attention-Based View of the Firm［J］. Strategic Management Journal, 1997, 18(S1): 187–206.

［296］Ocasio W. Attention to Attention［J］. Organization Science, 2011, 22(5): 1286–1296.

［297］Ofek E. Capital Structure and Firm Response to Poor Performance: An Empirical Analysis［J］. Journal of Financial Economics, 1993, 34(1): 3–30.

［298］Owen S, Shi L, Yawson A. Divestitures, Wealth Effects and Corporate Governance［J］. Accounting & Finance , 2010, 50(2): 389–415.

［299］Park C, Lee C, Jeon J. Centrality and Corporate Governance Decisions of Korean Chaebols: A Social Network Approach［J］. Pacific-Basin Finance Journal, 2020, 62: 101390.

［300］Parker O N, Krause R, Covin J G. Ready, Set, Slow: How Aspiration-Relative Product Quality Impacts the Rate of New Product Introduction［J］. Journal of Management, 2017, 43(7): 2333–2356.

［301］Pathak S, Chiu S. Firm-Advisor Ties and Financial Performance in the Context of Corporate Divestiture［J］. Journal of Business Research, 2020, 121: 315–328.

［302］Perry T, Shivdasani A. Do Boards Affect Performance? Evidence from Corporate Restructuring［J］. Journal of Business, 2005, 78(4): 1403–1432.

［303］Persson T, Tabellini G. Political Economics: Explaining Economic Policy［M］. Cambridge: MIT Press, 2000.

［304］Peruffo E, Marchegiani L, Vicentini F. Experience as a Source of Knowledge in Divestiture Decisions: Emerging Issues and Knowledge Management Implications［J］. Journal of Knowledge Management, 2018, 22(2): 344–361.

［305］Phan P, Hill C. Organizational Restructuring and Economic Performance in Leveraged Buyouts: An Ex Post Study［J］. Academy of Management Journal, 1995, 38 (3): 704–739.

[306] Pines M. Ma Bell and the Hardy Boys [J]. Across Board, 1984, 21: 37–42.

[307] Porter M E. Competitive Strategy: Techniques for Analyzing Industries and Competitors [M]. New York: Free Press, 1980.

[308] Porter M E. The Contributions of Industrial Organization to Strategic Management [J]. Academy of Management Review, 1981, 6(4): 609–620.

[309] Porter M E. From Competitive Advantage to Corporate Strategy [J]. Harvard Business Review, 1987, 65(3): 43–59.

[310] Powell R, Yawson A. Industry Aspects of Takeovers and Divestitures: Evidence from the UK [J].Journal of Banking and Finance, 2005, 29(12): 3015–3040.

[311] Puranam P, Stieglitz N, Osman M, et al. Modelling Bounded Rationality in Organizations: Progress and Prospects [J]. The Academy of Management Annals, 2015, 9(1): 337–392.

[312] Quigley T J, Hambrick D C. When the Former CEO Stays on as Board Chair: Effects on Successor Discretion, Strategic Change, and Performance [J]. Strategic Management Journal, 2012, 33(7): 834–859.

[313] Ravenscraft D J, Scherer F M. Mergers, Sell-offs and Economic Efficiency [M]. Washington: Brookings Institution, 1987.

[314] Ref O, Feldman N, Iyer D N, et al. Entry into New Foreign Markets: Performance Feedback and Opportunity Costs [J]. Journal of World Business, 2021, 56(6): 101258.

[315] Ref O, Shapira Z. Entering New Markets: The Effect of Performance Feedback near Aspiration and Well Below and Above it [J]. Strategic Management Journal, 2017, 38(7): 1416–1434.

[316] Rerup C. Attentional Triangulation: Learning from Unexpected Rare Crises [J]. Organization Science, 2009, 20(5): 876–893.

[317] Resmini L, Marzetti G V. Home Bias in Divestment Decisions of Multinational Corporations in the EU [J].Review of International Economics, 2020, 28(3): 799–813.

[318] Rhee M, Kim T. Great Vessels Take a Long Time to Mature: Early Success Traps and Competences in Exploitation and Exploration [J].

Organization Science, 2015, 26(1): 180–197.

[319] Robinson S, Kraats M, Rousseau D. Changing Obligations and the Psychological Contract: A Longitudinal Study [J] . Academy of Management Journal, 1994, 37(1): 137–152.

[320] Rosenfeld J D. Additional Evidence on the Relation Between Divestiture Announcements and Shareholder Wealth [J] . Journal of Finance, 1984, 39(5): 1437–1448.

[321] Sanders G. Behavioral Responses of CEOs to Stock Ownership and Stock Option Pay [J] . Academy of Management Journal, 2001, 44(3): 477–492.

[322] Schimmer M, Brauer M. Firm Performance and Aspiration Levels as Determinants of a Firm's Strategic Repositioning within Strategic Group Structures [J] .Strategic Organization, 2012, 10(4): 406–435.

[323] Schipper K, Smith A. Effects of Re-contracting on Shareholder Wealth: The Case of Voluntary Spin-offs [J] . Journal of Financial Economics, 1983, 12(4): 437–467.

[324] Schlingemann F P, Stulz R M, Walkling R A. Divestitures and the Liquidity of the Market for Corporate Assets [J] . Journal of Financial Economics, 2002, 64(1): 117–144.

[325] Schneider S L. Framing and Conflict: Aspiration Level Contingency, the Status Quo, and Current Theories of Risky Choice [J] . Journal of Experimental Psychology: Learning, Memory, and Cognition, 1992, 18(5): 1040–1057.

[326] Schulz A C, Wiersema M F. The Impact of Earnings Expectations on Corporate Downsizing [J] . Strategic Management Journal, 2018, 39(10): 2691–2702.

[327] Schumacher C, Keck S, Tang W. Biased Interpretation of Performance Feedback: The Role of CEO Overconfidence [J] . Strategic Management Journal, 2020, 41(6): 1139–1165 .

[328] Sebastian F, Sven R, Michael W. Does Value-Based Management Facilitate Managerial Decision-Making? An Analysis of Divestiture Decisions [J] . Management Accounting Research, 2021, 51: 100736.

[329] Semadeni M, Cannella A A. Examining the Performance Effects

of Post Spin-off Links to Parent Firms: Should the Apron Strings be Cut? [J] . Strategic Management Journal, 2011, 32(10): 1083–1098.

[330] Sembenelli A, Vannoni D. Why do Established Firms Enter Some Industries and Exit Others? Empirical Evidence on Italian Business Groups [J] . Review of Industrial Organization, 2000, 17(4): 441–456.

[331] Sengul M, Obloj T. Better Safe than Sorry: Subsidiary Performance Feedback and Internal Governance in Multiunit Firms [J] . Journal of Management, 2017, 43(8): 2526–2554.

[332] Shimizu K, Hitt M A. What Constrains or Facilitates Divestitures of Formerly Acquired Firms? The Effects of Organizational Inertia [J] . Journal of Management, 2005, 31(1): 50–72.

[333] Shimizu K. Prospect Theory, Behavioral Theory, and the Threat-Rigidity Thesis: Combinative Effects on Organizational Decisions to Divest Formerly Acquired Units [J] . Academy of Management Journal, 2007, 50(6): 1495–1514.

[334] Shleifer A, Vishny R W. Liquidation Values and Debt Capacity: A Market Equilibrium Approach [J] . Journal of Finance, 1992, 47(4): 1343–1366.

[335] Shleifer A, Vishny R W. Takeovers in the'60s and'80s: Evidence and Implications [J] . Strategic Management Journal, 1991, 12: 51–59.

[336] Simon H A. Administrative Behavior.A Study of Decision-Making Processes in Administrative Organization [M] . Chicago: Macmillan, 1947.

[337] Simon H A. Rationality as Process and as Product of Thought [J] . American Economic Review, 1978, 68(2): 1–16.

[338] Slovin M, Sushka M, Polonchek J. Methods of Payment in Asset Sales: Contracting with Equity Versus Cash [J] . Journal of Finance, 2005, 60(5): 2385–2407.

[339] Song S. Do In-Network Ties Help in Lowering Subsidiary Divestment Rates under Environmental Challenges? [J] . Journal of Business Research, 2021, 128(4): 257–265.

[340] Song W, Wei J, Zhou L. The Value of "Boutique" Financial Advisors in Mergers and Acquisitions [J] . Journal of Corporate Finance, 2013, 20: 94–114.

[341] Soule S A, Swaminathan A, Tihanyi L. The Diffusion of Foreign

Divestment from Burma [J]. Strategic Management Journal, 2014, 35(7): 1032–1052.

[342] Starbuck W H. Learning by Knowledge-Intensive Firms [J]. Journal of Management Studies, 1992, 29(6): 713–740.

[343] Staw B M, Mckechnie P I, Puffer S M. The Justification of Organizational Performance [J]. Administrative Science Quarterly, 1983, 28(4): 582–600.

[344] Staw B M, Sandelands L E, Dutton J E. Threat-rigidity Effects in Organizational Behavior: A Multilevel Analysis [J].Administrative Science Quarterly, 1981, 26(4): 501–524.

[345] Staw B M, Szwajkowski E. The Scarcity-Munificence Component of Organizational Environments and the Commission of Illegal Acts [J]. Administrative Science Quarterly, 1975, 20(3): 345–354.

[346] Taylor A, Greve H R. Superman or the Fantastic Four? Knowledge Combination and Experience In Innovative Teams [J]. Academy of Management Journal, 2006, 49(4): 723– 740.

[347] Taylor M L. Divesting Business Units: Making the Decision and Making it Work [M]. Lexington: Lexington Books, 1988.

[348] Thywissen C. Divestiture Decisions: Conceptualization through a Strategic Decision Making Lens [J]. Management Review Quarterly, 2015, 65 (2): 69–112.

[349] Thywissen C, Pidun U, Zu Knyphausen-Aufsess D. Process Matters— The Relevance of the Decision Making Process for Divestiture Outcomes [J]. Long Range Planning, 2018, 51(2): 267–284.

[350] Tuschke A, Sanders W. Antecedents and Consequences of Corporate Governance Reform: The Case of Germany [J].Strategic Management Journal, 2003, 24(7): 631–649.

[351] Tyler B B, Caner T. New Product Introductions below Aspirations, Slack and R&D Alliances: A Behavioral Perspective [J]. Strategic Management Journal, 2016, 37(5): 896–910.

[352] Van Kranenburg H L, Palm F C, Pfann G A. Exit and Survival in a Concentrating Industry: The Case of Daily Newspapers in the Netherlands [J].

Review of Industrial Organization, 2002, 21(3): 283–303.

[353] Vidal E, Mitchell W. Adding by Subtracting: The Relationship between Performance Feedback and Resource Reconfiguration through Divestitures [J]. Organization Science, 2015, 26(4): 1101–1118.

[354] Vidal E, Mitchell W. Virtuous or Vicious Cycles? The Role of Divestitures as a Complementary Penrose Effect within Resource-Based Theory [J]. Strategic Management Journal, 2018, 39 (1): 131–154.

[355] Vijh A M. Long-term Returns from Equity Carve-outs [J]. Journal of Financial Economics, 1999, 51(2): 273–308.

[356] Villalonga B, Mcgahan A M. The Choice among Acquisitions, Alliances, and Divestitures [J]. Strategic Management Journal, 2005, 26(13): 1183–1208.

[357] Wiseman R M, Bromiley P. Toward a Model of Risk in Declining Organizations: An Empirical Examination of Risk, Performance and Decline[J]. Organization Science, 1996, 7(5): 524–543.

[358] Wright M, Hoskisson R E, Busenitz L W, et al. Entrepreneurial Growth through Privatization: The Upside of Management Buyouts [J]. Academy of Management Review, 2000, 25(3): 591–601.

[359] Wu Y, Strange R, Shirodkar V. MNE Divestments of Foreign Affiliates: Does the Strategic Role of the Affiliate Have an Impact? [J].Journal of Business Research, 2021, 128: 266–278.

[360] Xia J, Li S. The Divestiture of Acquired Subunits: A Resource Dependence Approach [J]. Strategic Management Journal, 2013, 34(2): 131–148.

[361] Xie E, Huang Y, Stevens C E, et al. Performance Feedback and Outward Foreign Direct Investment by Emerging Economy Firms [J]. Journal of World Business, 2019, 54(6): 101014.

[362] Xu D, Zhou K Z, Du F. Deviant Versus Aspirational Risk Taking: The Effects of Performance Feedback on Bribery Expenditure and R&D Intensity [J].Academy of Management Journal, 2019, 62(4): 1226–1251.

[363] Xu K, Hitt M A, Dai L. International Diversification of Family-Dominant Firms: Integrating Socioemotional Wealth and Behavioral Theory of the Firm [J]. Journal of World Business, 2020, 55(3): 101071.

［364］Xu R, Chow Y, Ooi J. A Re-look into the Impact of Divestitures in the Presence of Agency Conflicts: Evidence from Property Subsidiary Sell-offs in China［J］. Journal of Real Estate Finance & Economics, 2017, 55(3): 313–344.

［365］Xu Y, Xu N, Chan K, et al. Generalists vs. Specialists: Who are Better Acquirers?［J］.Journal of Corporate Finance, 2021, 67(2): 101915.

［366］Yang Y, Wei Y, Nason R. Performance Feedback Persistence: Comparative Effects of Historical Versus Peer Performance Feedback on Innovative Search［J］. Journal of Management, 2021, 47(4): 1053–1081.

［367］Yin R K. The Case Study Crisis: Some Answers［J］.Administrative Science Quarterly, 1981, 26(1): 58–65.

［368］Yu C F. CEO Overconfidence, CEO Compensation, and Earnings Manipulation［J］. Journal of Management Accounting Research, 2014, 26(2): 167–193.

［369］Yu W, Minniti M, Nason R. Underperformance Duration and Innovative Search: Evidence from the High-Tech Manufacturing Industry［J］. Strategic Management Journal, 2019, 40(5): 836– 861.

［370］Zahra S A, Neubaum D O. Environmental Adversity and the Entrepreneurial Activities of New Ventures［J］.Journal of Developmental Entrepreneurship, 1998, 3(2): 123–131.

［371］Zhang Y, Rajagopalan N. Once an Outsider, Always an Outsider? CEO Origin, Strategic Change and Firm Performance［J］. Strategic Management Journal, 2010, 31(3): 334–346.

［372］Zhou Y, Li X, Svejnar J. Subsidiary Divestiture and Acquisition in a Financial Crisis: Operational Focus, Financial Constraints, and Ownership［J］. Journal of Corporate Finance, 2011, 17(2): 272–287.

［373］Zuckerman E W. Focusing the Corporate Product: Securities Analysts and De-diversification［J］. Administrative Science Quarterly, 2000, 45 (3): 591–619.

后 记

　　企业是经济发展的微观主体，是宏观经济增长的基础，其高质量发展是实现经济高质量发展的关键所在。而资产剥离作为优化资源配置和解决过剩产能的重要方式，对提升企业全要素生产率、推动企业高质量发展有重要意义。因此，关注企业资产剥离实践，并从理论上认识企业资产剥离实践，进而指导企业资产剥离实践，有助于提升企业的资产剥离效果，更有效地发挥资产剥离推动企业高质量发展的作用。

　　国内关于企业资产剥离实践的研究尚处于初步阶段，本书也仅从期望落差的视角探究了其对企业资产剥离选择的影响，未来还有广阔的空间有待探索。希望各位专家、学者不吝赐教，共同研究，为推动企业更有效地剥离资产提出意见建议。

　　最后，再次感谢所有为本书顺利出版提供帮助的人！

吴倩

2024 年 4 月